# 幼儿网球入门与发展探索

马有保　王凯漩　著

人民体育出版社

图书在版编目（CIP）数据

幼儿网球入门与发展探索 / 马有保，王凯漩著. -- 北京：人民体育出版社，2023
 ISBN 978-7-5009-6339-4

Ⅰ.①幼… Ⅱ.①马… ②王… Ⅲ.①网球运动—教学研究—学前教育 Ⅳ.①G613.7

中国国家版本馆CIP数据核字(2023)第129908号

\*

人民体育出版社出版发行
北京新华印刷有限公司印刷
新 华 书 店 经 销

\*

880×1230  32开本  5.375印张  132千字
2023年12月第1版  2023年12月第1次印刷

\*

ISBN 978-7-5009-6339-4
定价：35.00元

社址：北京市东城区体育馆路8号（天坛公园东门）
电话：67151482（发行部）    邮编：100061
传真：67151483           邮购：67118491
网址：www.psphpress.com

（购买本社图书，如遇有缺损页可与邮购部联系）

# 引 言

　　网球起源于12世纪的法国，当时的网球是一种手掌击球游戏，经过几百年的发展，网球从贵族运动项目发展为一个普及度非常高的世界第二大球类运动项目。网球是一项非常有魅力的体育运动，具有健身性、娱乐性、社交性等优点，并且网球运动富有变化的技战术组合让每一位参与者都乐此不疲。

　　当前，网球运动正处于加速发展阶段。据国际网球联合会报道，在新冠疫情严重影响下，2021年比2018年网球人口仍然增长4.5%；在2021年调查的41个国家中有115584家正规网球俱乐部，比2018年增加85%以上，其中90%集中在13个国家（不包括中国），80.3%的网球俱乐部在北美与欧洲；2021年这41个国家有网球场地578681个，比2018年增加了28%左右。2021年中国网球人口已达1992万人，比2018年多了32.7万人，我国每年新增网球人口达十几万人，中国网球场约5万片，网球教练为11350人，而2018年中国教练仅为4051人。中国新增网球人口主要集中在高校，现在各高校都在开展网球教学活动，而中小学校、幼儿园开展网球教学训练活动仍然比较落后。由此可见，当今世界网球与中国网球的发展都有着旺盛的生命力，幼儿与小学生是未来网球人口增长的主体。

　　以中国网球公开赛与上海网球大师赛为首的国际网球大赛不断落户中国。2019年，国内拥有4项ATP赛事：2站250冠军积分的公开赛和冠军赛（成都和珠海）、1站500冠军积分的中国公开赛、1站1000冠军积分的大师赛（上海）；10项WTA赛事（不

1

包括WTA125K系列）：5站280冠军积分的国际赛（深圳、南昌、广州、天津和香港）、1站470冠军积分的顶级赛（郑州）、1站900冠军积分的超五赛（武汉）、1站冠军积分1000的皇冠赛（北京）；另外2站是全球独家赛事：珠海小年终总决赛和深圳大年终总决赛。相信随着中国的快速发展，国际网球赛事将会在中国迅速增加和升级，广大中国网球爱好者在家门口就可以欣赏到更高级别的国际网球赛事，更让广大网球运动员在国内就可以参加相应级别的网球比赛。

2019年12月24日，中国网球协会在天坛饭店召开了中国网球巡回赛参赛工作座谈会，至此，已经筹备了长达十六个月的中国网球巡回赛终于揭开了神秘的面纱。会议指出，2020年是中国网球的改革年，中国网球巡回赛将于2020年起在全国多个城市举办，赛事贯穿全年。这项赛事分为CTA1000、CTA800、CTA500、CTA200四个级别，其中CTA1000、CTA800主要面向职业运动员，而CTA500、CTA200则是业余选手的主战场。

2020年在新冠疫情依旧严峻的情况下，我国仍然先后在日照、长沙、宁波、济南、贵阳、成都、郑州等地成功举办了多项CTA赛事，值得一提的是CTA比赛取消了职业与业余网球的限制，使广大业余网球运动员有了与职业网球运动员交流的机会，对促进我国网球水平的全面提高起了重要作用。如在贵阳站CTA1000比赛中杭州浙大附中15岁的黄瑞宁经过三轮预选赛打进正赛，并顺利进入第二轮，在第二轮面对2017年全运会单打亚军王楚涵，黄瑞宁也获得了5:2的领先，后因体力不支等原因止步第二轮。这次比赛他还参加了双打，与国手李喆、王傲相遇，以两个3:6输了比赛。可见，中国的这次改革给广大业余网球运动员提供了非常好的比赛学习机会，对推动我国网球发展有积极作用。

除了巡回赛之外，中国网球协会还借鉴国际经验并结合中国国情，制定了与其相配套的中国网球运动等级评定制度和中国网

# 引 言

球国家排名积分系统。中国网球协会于2019年正式推出"中国网球运动技术等级"。它也意味着，中国网球正在开启一个自己的全新时代。我们也希望借由中国网球巡回赛的诞生夯实中国网球基础，迎接下一个中国网球黄金时代的到来。

"中国网球运动技术等级"是中国网球协会与国际网联的网球运动等级标准合作，结合国内网球人群普及推广的实际情况制定的，是评定我国网球选手的通用技术等级标准，是衡量网球水平的客观依据，也是网球全球化及与其有关国际组织和其他国家技术评级体系进行等效评定的重大举措。

中国网球青少年积分排名赛、中国业余网球公开赛、中国网球巡回赛等赛事深受广大网球爱好者喜爱。近年来，全国各省市网球协会、教育部门、体育部门等每年都有大量的网球赛事，尤其是针对青少年儿童的网球赛事迅速增加，各地网球中心、体校、体育中心网球项目迅速发展，全国各地网球培训机构如雨后春笋，网球场馆迅速增多和升级改造，草地网球、红土网球、板式网球也不断增加。

中国少儿网球启蒙训练是网球运动发展的基石，直接影响着网球后备人才的数量和质量，关系着中国网球的未来前景。中国网球启蒙教育比国外晚，有研究显示，国外优秀网球选手启蒙训练年龄是4~7岁，而我国平均年龄则为8~10岁，3岁以下开始网球启蒙的国外运动员占比为6.3%，而我国仅为3.1%。费德勒、阿加西、德约科维奇启蒙年龄分别为3岁、4岁、4岁，这表明在年龄较小时开始网球启蒙更有可能产生世界冠军运动员。值得一提的是，常年排名世界第一的德约科维奇6岁时就已经把成为网球冠军作为自己的人生目标，他6岁时就说，当他看着桑普拉斯获得温网冠军时就知道，以后冠军一定是自己的。最终他成为世界第一，而且长期保持在世界第一的位置。

我国著名的网球运动员李娜，从4岁开始每天早晨在父亲的陪伴下跑步，而且运动量不小，据她自己回忆，每天要出一身汗才回家。5岁时被当地体校羽毛球教练看中，可是李娜手腕比较僵硬，使用手臂发力打羽毛球，这影响打羽毛球时手腕发力，李娜经过两年的羽毛球训练后被网球教练夏溪瑶选中。李娜的手腕天生就是适合打网球的，但如果不是早期的锻炼和训练经历，李娜很可能就被埋没在茫茫人海中。

我国网球运动员启蒙年龄较晚与此项运动在我国发展起步较晚有关系，主要表现为幼儿网球教材少、网球教练与网球场地不足、农村和小城镇基本上没有网球场地、人们对网球的认识不足，很多人甚至没有见过网球及网球场，因此有相当多的人错过了网球启蒙的最佳年龄。

目前我国基本没有关于1~6岁幼儿网球教学与训练的教材，6~12岁儿童网球教材也不多见。2020年中国网球协会《中国青少年网球训练大纲》是6~17岁训练大纲，而在国际上大部分知名网球运动员早在3岁、4岁就开始启蒙训练了；幼儿网球教学和成人网球教学要求不一样，在这一年龄段训练难度更大，因此急需关于幼儿网球教学训练的教材。可以说幼儿教学训练对教练员要求更高，因为幼儿的理解能力、运动素质和心理素质都非常差，幼儿在学习网球动作时更多的是模仿，单调的动作练习是无法提高幼儿对网球运动的兴趣的，因此幼儿网球教练不仅需要做出标准的动作，还需要有较强的耐心和调动幼儿网球积极性的能力，要不断地变化教学手段与方法，把网球内容与游戏活动、体能训练融入一体。因此，要求幼儿网球教练员有丰富的教学经验和科学的训练理论。在幼儿网球运动教学培训过程中，教练员自身水平的高低将直接影响幼儿网球发展。运动员要想达到一定的运动水平，都必须经过长期艰苦的训练，网球运动也不例外。针对幼儿这个特殊群体，需要注意他们的特殊性，根据他们的身心特点对其训练进行合理安排，幼儿时期的训练对其之后的发展起到了十分关键的作用。对幼儿网球运动员的早期训练，不一定要达到专项化水平，因为过早的专项化虽然短时期内可能能够使成绩得到很大的提升，甚至运动水平能够与世界同年龄段的运动员相媲美，在青少年世界排名中名列前茅，但是在进入职业化阶段之后，由于一些技术过早定型，尤其不规范的网球动作形成将对运动员未来的发展带来很大的障碍，运动员将很难再有新的突破。他们或是竞技能力提高的空间有限或者是过早的伤病缠身。这种情况出现有时就是因为这些运动员在训练的早期训练量太大，训练不科学。幼儿网球运动员的身体正处在生长发育的关键时期，合适的运动量可以促进幼儿运动员的生长发育，同时使幼儿运动员的身体更加健康强壮。但是运动负荷过大则会对身体造成不可逆转的伤害，使运动员的身体过早、过度被开发，影响运动员身体正常的生长发育，同时使器官系统的机能丧失了提升的空间。

　　本书源于作者十多年的儿童网球成功培训经验的总结，很多训练方法是作者设计的，不仅适合教练员使用，也适合广大幼儿园教师、少年儿童家长使用，他们能在本书中找到适合其孩子的网球教学训练内容与建议。

　　本书第一章对幼儿生理特点进行了阐述，幼儿的心理成长过程与身体的生长发育过程是一致的，教练员与家长们只有充分了解孩子生长发育情况及发育规律才能更好地进行网球教学，培养孩子网球兴趣，挖掘孩子的潜力。

　　第二章是关于培养孩子网球兴趣的内容，儿童网球训练最难的是如何把身体训练与网球结合起来，以游戏的方式让儿童在快乐中得到网球技术与体能的全面提升，而本章正是为解决这一问题而设计的。

　　第三章是幼儿网球体能教学与训练，结合网球的技术特点对幼儿体能训练进行了更为详细的分析。

第四章是幼儿网球基本技术教学与训练指导。结合幼儿的特点，详细阐述了网球正反手落地球教学步骤，对网前截击与发球教学步骤也做了介绍。提出了常见的错误与纠正方法。

第五章介绍了幼儿网球教练员的执教技巧。幼儿网球教练员需要较高的执教水平以及与家长、其他教练等沟通的能力。

第六章是关于幼儿网球家长们应该注意的事项。介绍了幼儿什么时候应该学习什么内容，通过实例说明网球运动带给孩子们的帮助。

第七章介绍了网球礼仪相关的内容。中国是一个拥有五千多年文明礼仪的古国，讲文明懂礼貌是中华优秀传统美德，我国历代非常重视人的道德教育，而礼仪是道德的重要表现形式。本章旨在社会主义核心价值观的指导下，塑造幼儿的良好的行为规范，对培养新时代社会主义建设所需要的德才兼备的人才有重要的意义。

第八章是关于幼儿网球的发展的对策研究。中国网球的发展关键在于从幼儿抓起，本章提出了如何推进网球进校园活动。加强乡村地区网球特色学校建设、加大贫困地区网球发展力度；阐述了加强对外合作的重要性；提出了积极申办高水平网球赛事、完善网球人才培养路径等具体措施。

# 目 录

**第一章 幼儿网球与教学训练特点** …………………… ( 1 )

    第一节 幼儿的界定与特点 …………………………… ( 1 )

    第二节 幼儿与网球运动 ……………………………… ( 3 )

    第三节 幼儿网球教学训练的特点 …………………… ( 8 )

**第二章 幼儿网球兴趣培养** …………………………… ( 13 )

    第一节 培养幼儿网球兴趣的游戏 …………………… ( 14 )

    第二节 培养幼儿网球兴趣的其他方法 ……………… ( 31 )

**第三章 幼儿网球体能教学与训练** …………………… ( 33 )

    第一节 幼儿体能教学训练的原则与方法 …………… ( 33 )

    第二节 幼儿网球体能训练计划与内容 ……………… ( 39 )

**第四章 幼儿网球技、战术教学与训练** ……………… ( 52 )

    第一节 幼儿网球基本技术教学概要 ………………… ( 53 )

    第二节 幼儿网球技术教学指南 ……………………… ( 57 )

    第三节 网球战术与幼儿比赛指南 …………………… ( 96 )

**第五章 幼儿网球教练** ………………………………… (107)

    第一节 幼儿网球教练执教技能 ……………………… (107)

    第二节 幼儿网球教练交际技能 ……………………… (110)

## 第六章 幼儿家长须知 （113）

第一节 做更好的家长 （113）
第二节 对幼儿网球运动启蒙的认识 （117）
第三节 家长必备的网球运动基础知识 （119）

## 第七章 幼儿网球礼仪 （130）

第一节 幼儿网球教学训练礼仪 （130）
第二节 网球比赛礼仪与观看礼仪 （131）
第三节 幼儿网球礼仪教学 （134）

## 第八章 幼儿网球发展探索 （141）

第一节 大力推进网球进校园活动 （141）
第二节 加强乡村地区网球特色学校建设，加大欠发达地区网球发展力度 （145）
第三节 加强对外合作，积极申办高水平网球赛事 （149）
第四节 完善网球人才培养路径，加速推进网球体制改革 （151）

**参考文献** （157）

# 第一章　幼儿网球与教学训练特点

## 第一节　幼儿的界定与特点

人一生的生理变化过程大致有几种不同的划分。美国田径协会把人的生理变化过程划分为婴儿期（0~2.5岁左右），女子2.5~10岁、男子2.5~11.5岁左右为儿童期，以后两年多为青春启动期，然后进入发育期、成人期等。在日本，1~6岁被定义为幼儿期。而在我国有着不同的划分标准，划分的年龄段略有偏差，临床医学领域根据生理学的特征，一般将1~3岁定义为幼儿期，也有观点将3~7岁划分为幼儿期。根据生长发育规律以及形态、生理和心理的特点将青春发育前划分为以下几个时期：

新生婴儿期至1岁，出生后的第一年，生长速度很快，身高增加约20~25厘米，体重增加3~6公斤。这一阶段运动能力差，但大脑发育很快，这一年大脑发育完成了整个发育过程的50%。在新生儿各部位运动当中，也有一定先后顺序。首先是头部运动（如转头，抬头）；其次是上肢的运动（如抓物、放物、扔物），下肢的蹬腿，收腿动作；然后是翻身转身和坐立，最后是站立和行走。新生儿运动发展的顺序性很明显，如上肢运动先是上臂运动再到前臂运动、手掌运动、最后再手指运动；家长应该根据幼儿的这一运动规律来发展新生儿的各项运动能力。

幼儿早期：1~3岁，此期体格生长速度比婴儿期渐变缓慢，但语言、行动与表达能力明显增强，前囟闭合、乳牙出齐，能控制大小便。幼儿早期1周岁到2周岁一般身高能长10厘米左右，而2~3岁时则增加7厘米左右，运动能力也明显提高，能进行简单的走、跑、跳、投等基本活动，大脑的发育在1~2岁期又完成整个发育过程的25%。此时应该结合网球对幼儿进行跑、跳、投等基本活动能力培养。

幼儿期：3~7岁，相当于"幼儿园"阶段。此期的特点是生长发育变慢，动作及语言能力逐步提高，能跳跃、登楼梯、唱歌、画图，开始识字认字。这时可以进行一些较为复杂的运动，如体操、游泳、网球、跳水、冰上运动等都适合在这一阶段开始启蒙学习了。这个年龄阶段幼儿很难理解人们行为的意义，也不知道行为的方式方法，但他们会模仿他人的行为，因此，周围的环境对这个年龄的人影响比较大，家长应该为孩子创造一个良好的环境。

学龄儿童期：7~12岁，这一时期生长发育相对缓慢，此期特点是脑部形态结构发育基本完成，智能发育进展较快，能较好地综合分析、认识自己。在6~7岁时期，速度、灵敏性素质发展迅速，是各种运动技能及速度项目训练的最佳时期。此期要保证足够的营养，加强各项体育运动，但力量练习不可过多。由于这个时期学生在上小学，文化学习较幼儿时期忙很多，因此，运动时间会减少，而网球又是一个需要时间的运动项目，在这个时候启蒙网球虽然不晚，但对于培养专业网球运动员来说已经不是最佳的时期了，当然如果幼儿从事过系统的体能训练或者其他体育项目训练再转而学网球还是有可能成功的，但这种可能性已经越来越小了。

## 第二节　幼儿与网球运动

　　为什么学习网球要从幼儿开始呢？这是由网球的特点与人的生长发育规律决定的。我国著名训练学专家田麦久指出，根据少儿运动员年龄增长与不同运动素质发展的敏感期，在发展各种运动素质的训练内容配置上应按照柔韧—有氧耐力和反应速度—最大速度及速度力量—最大力量、无氧耐力及力量耐力的顺序进行安排。大量的事实证明，国际顶级网球运动员绝大多数网球启蒙时间都在幼儿期。

　　幼儿运动能力与生长发育顺序有关。人在出生时头部是身高的四分之一，而成人头部仅占六分之一，幼儿期头部大，腿部短，身体的大小与形态直接影响人的运动能力。头部大，因而平衡能力差，下肢短步幅小，因而奔跑能力差，容易摔倒。幼儿骨大部分是由软骨组成，在骨的特定生长部位软骨会向骨转化，促进骨的生长，这个部位叫骺软骨。骺软骨是骨最薄弱的环节，很容易因受到冲击力或者重复受力而受伤。因此，幼儿运动不宜进行大强度的力量练习和冲撞类体育项目，应该避免长时间重复性的跳跃、投掷等项目；但幼儿适合进行隔网类的网球、乒乓球、羽毛球等小球类运动项目，这些运动可以促进骨的生长，提高骨密度；增加肌肉柔韧性、肌肉力量和耐力同时提高关节的活动幅度等，提高幼儿运动能力，并且运动损伤较少。

　　儿童少年的呼吸频率比成年人慢，尤其是幼儿呼吸更慢更浅，6岁幼儿平均呼吸38升空气得到1升氧气，而成人呼吸28升空气可得1升氧气，在运动中，幼儿主要通过增加呼吸频率来吸收更多的氧气和排出更多的废气，这表明幼儿需要更多的呼吸运动才能得到运动所需要的氧气，长时间大负荷的运动是不适合幼儿的。但由于网球技术较多，变化复杂，幼儿的网球练习更多的是如何应对复杂变化的网球技能的培养，而不是简单的大负荷的重复网球运动。通过网球运动提高幼儿呼吸肌的能力，提高肺活量，从而提高呼吸效率，能从外界吸收更多的氧气，排出更多的体内浊气，从而促进幼儿身体健康。

营养是幼儿生长发育的物质基础，体育运动是生长发育的动力。生命在于运动，体育运动是促进身体发育和增强体质的最有利的因素之一。体育锻炼可以充分发挥人体的生长发育潜能，促进新陈代谢，全面提高身体机能，并且可以提高细胞免疫活性及体内非特异性免疫水平。如著名网球运动员德约科维奇在新冠检测呈阳性的情况下仍能参加2020年美网、法网比赛，并在法网比赛中获得了亚军，另外还有其他多名网球运动员感染新冠病毒后没有任何症状，可见身体强壮的运动员免疫能力很强。网球是一项全身性的运动，能够全面锻炼幼儿的身体素质和提高细胞的免疫活性和水平。

幼儿肌肉弹性好，骨骼柔韧性好，因此适合发展柔韧性。通过网球运动可以发展柔韧性，如网球发球的背弓与搔背动作都需要有较好的柔韧性素质。网球又是一个快速反应和快速移动的项目，适合发展速度素质，提高反应能力。网球具体运动过程千变万化，趣味性很强，能够集中注意力，提高幼儿的专注力。网球运动必须从小抓起，孩子越小，学习压力越小，越有时间去进行课外体育运动。幼儿进行网球训练，不仅不会影响文化学习，而且可以系统地掌握网球技术，提高身体素质，为未来发展打下良好的身体基础。另外幼儿时期就开始网球启蒙训练，幼儿有可能成为高水平网球运动员，对儿童未来的发展有重要的意义。

网球是一项有助于健康长寿的体育运动。英国医学杂志报道，网球等球拍类运动可以将死亡风险降低47%，明显优于游泳

28%和骑自行车15%。网球运动由于隔网对抗,运动员不会产生直接的身体碰撞,相对比较安全,因而更适合幼儿启蒙运动。研究显示,我国儿童肥胖率呈上升趋势,高血压、心脏病越来越年轻化,采用网球等积极运动的方法可以提高心肺功能、促进身体健康、降低心脏病与呼吸系统疾病的风险。

网球运动可以提高幼儿的团结互助、独立思考与解决问题的能力。网球比赛包括单打与双打,有个人赛与团体赛,不同的比赛其功能有一定差别。

网球单打是单独进行的比赛,在面对各种变化的情况下,运动员必须积极思考、努力寻找解决问题的方法,这会大大提高幼儿的独立思考与解决问题的能力。单打出现失误时由运动员自己负责,有较强自立能力的人会更容易面对困难,能更好地享受网球单打比赛。在比较正规的比赛中教练与家长们是很难进行指导的,而在教学训练时,网球比赛是可以指导的。在网球单打中,教练员、家长及运动员等可以通过多种方式帮助提高幼儿分析问题与解决问题的能力。

双打,是两个人并肩作战的比赛,两个人在技术、身体素质方面要互补,在战术上要统一思想,两个人要团结合作才能创造更好的成绩。两个人必须相互鼓励、互相沟通,发挥一加一大于二的作用,因此,双打比赛更能培养幼儿团结协作的精神,提高他们的交际与沟通能力。

网球团体赛是代表集体的比赛,通过团体比赛可以培养幼儿的集体主义精神,教会他们自觉维护集体荣誉。幼儿网球训练中,经常进行集体性的网球活动和比赛,可以非常好地培养他们的集体意识,塑造良好的体育精神和责任感。

网球运动是变化无穷的运动项目,要在很短的时间对变化多端的来球采取合适的击球方法是需要智慧的,需要非常高的专注力,因此,网球运动可以促进幼儿的智力增长、大脑的生长与发育，以及神经系统的改善，有助于幼儿的认知发展，提高幼儿的观察问题与分析问题的能力。幼儿是智力发展最快的时期，更需要较好的体育锻炼。而网球的力量、球速、旋转、角度及落点变化丰富，不同的场地球的变化也不一样，同一个场地在不同的位置球的变化也有差别。另外不同的比赛及比分其打法要求也不一样，要在这么多的变化中去寻找最佳击球是非常困难的，就算世界顶级网球选手也会经常失误。幼儿在击球时失误是很正常的，此时要引导幼儿勤思考，思考引起失误或者击打效果不理想的原因，让他们从小养成思考的习惯，这将对幼儿的智力发育有较好的促进作用。

从小进行网球训练可以提高幼儿的抗挫折能力。应对网球比赛中一次又一次的失败，能较好地提高孩子们面对失败的能力，从而能提高孩子们的抗挫折能力并增强孩子的信心。教练员与家长要指导、鼓励与激励孩子们如何面对挑战，要让孩子有成功的感觉，享受从失败到成功的乐趣，设置充满乐趣的比赛，如与教练比赛只要成功击球就可以得分，对于水平高点的可以设置连续多次击球得分标准，这样能让不同水平的幼儿都感到网球运动的乐趣与挑战。

网球运动也是培养幼儿坚强意志品质的较好项目。网球运动的趣味性可以调动幼儿学习网球的积极性，在兴趣中运动幼儿更易坚持，在不知不觉中得到锻炼。由于网球运动入门难度大，孩子们往往需要长时间的网球训练才能取得较好的训练效果，长期的网球训练能够锻炼幼儿的意志品质。另外网球比赛强度大、时间久、对抗性强，需要有较好意志才能坚持下来，在一场比赛中往往会出现多个"极点"现象，即呼吸困难、身体无力、心跳加快、胸闷、甚至出现眼前发黑等症状，这时需要有坚强的意志力，一旦极点现象消失就会出现"第二次呼吸"，从而顺利完成整个比赛。

网球运动也有助于孩子未来上更好的大学,越来越多的高校重视网球特长生招生,如果孩子能获得国家二级证书就获得了上大学的敲门砖。另外一些国外高校也非常重视网球特长生,孩子学网球能够为将来出国深造、生活、工作等带来很大的帮助。

幼儿网球运动也能为以后上小学、初中、高中、大学时参与网球运动打下良好的基础,为丰富孩子生活,促进孩子健康等提供帮助,有一定网球基础的学生很容易进入学校网球队和网球俱乐部。

幼儿网球运动是挖掘网球运动苗子的最主要途径,孩子是否有网球天赋需要从幼儿阶段开始进行网球训练才有可能发现,绝大部分著名网球运动员都是在幼儿期就开始训练的,错过了这一时期就很可能错过了发现网球运动员的机会。在我国一定有大量的具有网球天赋的孩子,由于幼儿时期没有参与网球运动而被埋没了。笔者自己的孩子从10岁开始进行网球训练,错过了幼儿时期,因此,他没有走职业网球之路,要知道很多著名网球运动员在10岁时已经参加了很多网球比赛了。

网球运动是一项会给人带来终生幸福的体育运动,其运动量可以根据年龄、锻炼者的身体素质和锻炼目的来自由调整,这项运动没有直接的身体接触性对抗,因而降低了受伤的风险,有助于延长运动员的运动寿命。

总之,幼儿学习网球运动对丰富幼儿生活、提高幼儿生活质量、提高幼儿身体素质、促进幼儿健康成长、提高幼儿的气质和交际能力有重要意义,为终生从事网球运动奠定基础。随着我国的迅速发展,网球运动正在以前所未有的速度迈入千家万户,越来越多的人会感受到网球运动的魅力。

## 第三节 幼儿网球教学训练的特点

幼儿网球与成人网球有明显的不同。首先，幼儿网球使用的海绵球、过渡球，重量轻，弹性小。其次，场地与球网不同，幼儿一般用小场地就可以，甚至可以在非常小的场地内活动，球网的高度与宽度都可以采用短网的标准，对婴幼儿来说甚至可以不需要球网，在家里就可以和家长玩一些网球游戏了。3岁前的幼儿与3岁后的幼儿也有较大的不同，3岁后基本可以进行网球的挥拍击球了，可以参加网球技术培训学习，而3岁前由于力量小，主要以网球游戏为主，通过游戏的方式来培养孩子的球感，锻炼身体，培养网球礼仪等。幼儿由于年龄小、理解能力、运动能力和经验都较差，但发育成长很快，这时候进行网球启蒙是一项复杂而又重要的任务，启蒙不好，会影响孩子未来网球发展，甚至会影响其他体育方面的发展。人们对网球的兴趣是在初期的启蒙训练中形成的，所以好的启蒙训练是培养儿童网球兴趣的重要因素。

### 一、幼儿网球具有趣味性、娱乐性、经济性

网球是一项有趣的体育运动项目，在幼儿网球教学中应始终注重趣味性，教练应采用各种各样的适合幼儿年龄的练习方法来提高他们的兴趣，其中游戏是提高幼儿快速反应、准确判断、迅速改变动作方向等能力的有效方法，所以采用游戏训练法是培养少儿喜爱网球运动最基本、最普遍、最有效的一种训练方法。

成人网球训练需要标准网球场地，而幼儿网球教学与训练对场地要求较低，因而幼儿学习网球成本较低而且较容易找到室内

练习场地，这样使幼儿网球更能有效地贯彻训练计划，提高训练效率。

## 二、幼儿网球具有基础性、长期性、科学性、系统性

网球训练可以划分为基础训练阶段、专项提高阶段、最佳竞技阶段、竞技保持阶段和竞技下降阶段。而幼儿网球是基础训练阶段中的最基础部分，因此幼儿网球训练一定要打好坚实的基础。主要包括技战术基础、体能基础、心理基础及礼仪基础。教练要给幼儿进行规范的网球技术指导，及时纠正错误的技术动作，不要急于求成，不要什么网球内容都教，要以正反手基本技术内容为主；在体能方面也要注重基础体能训练，而不要过早地进行专项体能训练，尤其是强度与负荷要科学，要为幼儿长期发展打下良好的身体基础，为今后的专项网球运动技术训练与技术水平的提高奠定基础；在心理方面要注意培养学生坚强的意志和胜不骄、败不馁的精神，以及团结合作、互相尊重等优良品德，全方位提高幼儿的素质。

网球运动是人们一生都可以从事的体育运动，从2岁的幼儿到90多岁老人都可以打网球。20世纪90年代，我在浙江杭州黄龙体育中心比赛时第一次遇见当时84岁的王启东先生，他也参加这次比赛。他告诉我他打网球73年了，是浙江大学的终身教授。后来我才得知他是浙江省原网球协会主席，他为浙江省和浙江大学网球事业做了很大的贡献。我国原网球协会主席吕正操将军在90岁时才挂拍，享年106岁。

无论是教练员还是家长，在网球教学当中，必须考虑幼儿未来的长期发展，因此幼儿训练必须更加科学，更加系统。要把技术训练与体能训练科学地融为一体。技术上要简单实效，促进少儿的身体发育，在符合少儿身体发育规律的前提下，指导少儿正

确地完成各项运动动作。教练员要有生理学、生物力学、网球训练教学等方面的知识，不断努力学习创新思维教育教学方法，才能科学系统地进行幼儿网球教学。

由于目前很多地方没有室内网球场，雨天无法进行网球训练就成了阻碍训练系统性、科学性和长期性的关键因素，许多幼儿家长在天气不好时就停止了一切网球相关的运动。我们遇到许多这样的情况，教练员往往只能把课外练习安排给家长，让家长带领幼儿去进行网球运动。家长必须认识到网球训练是一项系统科学的工程，幼儿身体素质的提高更是一项长期的、科学的工程，因为天气等原因而停止训练是幼儿网球训练的大敌。广大教练员与家长一定要克服困难，寻找一块下雨也能进行训练的场地，做到这一点非常重要。我所在的城市杭州下雨、大风和高温等恶劣天气较多，许多家长都是把幼儿网球作为一种体育爱好培养，因此，在天气不好时就停止了网球训练。在这种情况下，教练员要区别对待，对于一些身体素质好、想培养网球特长或者走网球专业之路的孩子是不能停止训练的，教练员要让家长们明白持续训练的重要性，尽可能找到雨天能正常训练的场所或者至少能安排体能训练的地方，教练员要更加注重训练的系统性。

## 三、幼儿网球具有健身性与竞技性

幼儿网球运动具有良好的健身效果。首先网球是一项全身性发力的运动，在网球运动中时刻都在进行跑、跳、投等基本动作，如每一次移动前的分腿垫步是跳的动作，每一次的移动是跑或者走或者两者的组合，每一次击球都是一个动力链运动过程。幼儿进行网球具体运动过程训练，就可以快速提高跑、跳、投等基本活动能力。其次，由于网球具体运动过程变化万千，如高低变化、深度变化、旋转变化、角度方向变化、速度力量变化等，这些变化会引起幼儿极大的兴趣，孩子们在快乐的网球运动过程中身心愉悦，从而起到较好的健身效果。另外由于网球运动是多种无氧运动和有氧运动的组合，是典型的全身运动项目，可以促进幼儿全身肌肉与骨骼的生长，增强呼吸系统、循环系统、神经系统功能，从而起到强身健体的作用。

幼儿网球还具有较强的竞技性。近年来，我国青少年网球活动与比赛迅速增多，为广大青少年提供了较好的发展平台。少儿网球启蒙阶段训练也离不开比赛，竞技比赛一方面是检测少儿运动技能和身体素质的重要手段，另一方面也是激发少儿潜在的拼搏精神与好胜心的重要手段，更是训练中调整训练状态和调动训练积极性的手段。在竞技比赛中既有技战术的运用，又有心理活动的调整，在比赛中要精准地控制球的飞行路线和落点，达到技术的稳定性需要大量时间的投入培养，从少儿启蒙训练开始就要不断强化各项技术在比赛中的运用时机、目的和手段，提高少儿比赛中的预判、心理适应和主动驾驭比赛的能力。在少儿网球启蒙阶段的竞技比赛应该注意少儿的网球水平和生长发育水平，不一定都要正规的网球比赛，如比谁打得深的比赛，比谁击打目标准的比赛，比谁打得回合多的比赛，比赛形式可以多样化，这样可以锻炼他们的竞争意识，提高他们的心理素质等，在比赛中要激发他们的勇敢奋斗的精神，胜不骄、败不馁，鼓励和帮助他们积极总结经验，寻找比赛策略，从而提高他们分析问题与解决问题的能力。

## 四、幼儿网球要注意安全性

幼儿年龄小，安全意识差，自我保护意识不足，球拍与身体之间经常会有碰撞或者球、球拍等会碰到其他孩子，因此，教练要特别注意课堂安全，树立安全第一的观念。

①要做好充分的准备活动。

②要穿运动服和网球运动鞋，使用适合孩子年龄的网球拍与网球。

③课程安排要严谨，排除安全隐患。

④对孩子做好安全教育，不要伤害其他同学。

⑤1个教练一次性不要带超过6个幼儿，相互之间要保持一定的安全距离。

⑥要控制好运动量与运动负荷，不要做超过孩子承受能力的运动。

# 第二章　幼儿网球兴趣培养

　　幼儿正处于身心快速发展的启蒙阶段，在这一时期培养其浓厚的网球兴趣有助于孩子积极主动地学习网球。一些孩子从一开始不愿意学网球变为热爱网球，正是成功教学的体现，其中游戏教学法是培养幼儿学习网球兴趣的最好方法。由于我们在网球教学训练中采用了游戏教学法，大部分幼儿到下课时仍依依不舍，有的孩子甚至哭着不肯下课。

　　培养幼儿网球兴趣，最重要的是要鼓励表扬孩子。我们经常会遇到身体素质较差的孩子，比方有的孩子走路不平衡，站在网前，一个网球也抛不起来。对于这样的孩子教练们必须耐心辅导，而且一直鼓励孩子。最近我们的网球培训班刚来了一个姓李的幼儿园中班的孩子，他站在离网一米左右的位置一堂课一个球也扔不过网，更不要说打网球了。幼儿园老师告诉我说这个孩子在幼儿园里不听话，也基本不运动，家长也着急。经过一段时间的训练孩子有了很大进步，慢慢喜欢了网球运动。鼓励孩子、培养孩子自信心起到了十分重要的作用。教练要善于抓住孩子的闪光点去激励孩子，任何时候都不能打击孩子的自信心，差生的进步更体现教练的水平与价值。

## 第一节　培养幼儿网球兴趣的游戏

游戏是在一定规则下进行的娱乐活动。儿童教育心理学指出，游戏是幼儿最重要和最主要的活动，它贯穿于整个学前儿童的生长和发育中，游戏可以增进孩子们之间的友谊，提高孩子们的身体素质。游戏可分为娱乐性游戏、教育性游戏和竞赛性游戏。

体育游戏是在一定规则约束下，以身体练习为基本手段，在教师的指导下，以增强体质、发展能力、培养良好思想品德和意志品质、娱乐身心、陶冶情操为目的的一种体育活动，是教育游戏的组成部分。其特点如下：

①体育游戏具有趣味性。体育游戏之所以能让学生喜欢，关键在于趣味性。如果没有趣味性则不能称之为体育游戏，而只能称为体育练习或身体练习。俗话说："兴趣是最好的老师"，在网球培训中插入体育游戏，可以使培训过程变得生动活泼，有利于培养学生进行技术练习的兴趣，在一定程度上调动了学生学习的积极性。

②体育游戏具有目的性。为了学生能够更好地掌握网球击球动作，可以在教学中根据学习内容的特点插入具有特定目的的体育游戏，这样不仅增加了学生的学习兴趣，而且淡化了动作难度，提高学习效率。特别是对于年龄较小的学生来说，带有目的性的体育游戏是让他们掌握击球动作的有效手段。

③体育游戏具有简易性。体育游戏的内容丰富，组织形式更是千变万化，难度可大可小，易于普及。因此在网球课堂上进行适当的体育游戏可以简化技术动作，降低学习难度。

④体育游戏具有健身性。体育游戏是从丰富多样的游戏中衍生出来的，是增强体质、开发智力、提高人民群众身心健康的一种基本手段，具有很好的健身效果。因此体育游戏有利于实现幼儿的健身目的。

孩子们做游戏的性质随着年龄发生变化。年龄越小，游戏的内容应该越简单越易进行。在幼儿早期，孩子们只要能参与游戏，做出各种各样的身体动作即可，可以使用各种玩具、小球、气球等，慢慢地可以玩一些跑、追、拍球、平衡等游戏，到幼儿中期就可以开始进行正规网球技术教学了，但仍应该不断变化练习内容，穿插各种趣味性体育活动。

## 一、提高球性类游戏

这类游戏的主要目的是培养幼儿的空间感、协调性和灵敏性，熟悉球性，培养幼儿团结互助的品质。

### （一）吹气球游戏

吹气球游戏适合1~5岁的幼儿。准备几个干净的小气球，让孩子围成一圈，教练把气球抛在他们中间，让孩子们向上吹气球，尽量让球在空中停留时间长一些，注意让孩子们不要碰撞。

变化：可以用手代替吹，用手向上打气球，也可以一个人自吹气球，或者两个人互相吹气球等。

### （二）气球类游戏

此类游戏适合2~6岁儿童。由于气球轻，相对安全，可以用于做拍气球，互抛气球，自抛自接气球，踢气球，掷气球等各种游戏，可以采用比赛、接力、计时等多种方法。如拍气球看谁拍的时间长或者数量多；互抛气球，看能抛多少个来回；自抛自接看谁抛得高接得准等。（图2-1）

图2-1　幼儿抛气球练习

## （三）抛接海绵网球练习

教练抛海绵球，孩子们用各种方式练习接球。接球后可以用网球击球动作把球抛过球网。也可以互相抛接球，或者家长参与抛接球，提高孩子的积极性（图2-2）。此游戏非常有利于孩子提高判断球的能力，对提高节奏感有非常好的帮助。海绵球还可以用来进行垫球、击打目标、拍球游戏，可以结合一些简单的跑、跳、走等进行练习。接球的工具与方式要多样化，接球工具要轻，接球用具开口要从大到小，循序渐进，如先用渔网接球再用标志桶接球，再用手接球等。教练员要精心设计游戏，提高孩子的球感、空间感、力量及协调性，培养他们团结互助的精神。

图2-2　幼儿抛接海绵球练习

## （四）过渡网球击打目标练习

过渡网球可以用于4~6岁幼儿击球，也可以在2~6岁幼儿做游戏时使用。过渡网球不仅可以用于海绵网球所有练习，还可以用于抛向较远的目标，如比赛用拍子击打网球到某个或几个目标位，先把网球扔进第一个目标区，然后再扔进第二个目标区，看谁先完成整个游戏。有一定网球基础的孩子可以用过渡网球击球，把击球设计成游戏比赛的形式。

## （五）围圈抛球

几个幼儿围成一圈，互相抛接球。这个游戏也可以站在平衡垫上进行，如果幼儿水平高点可以站在平衡垫上移动（平衡垫5~7个围成一个圈，两个平衡垫之间的距离可根据幼儿运动能力来调整），可以抛接球，或直接把球给相邻的孩子，或者用拍子互相传接球，对于其他年龄的初学者也是较好的练习方法。

本游戏对孩子熟悉球性、培养团结合作精神、锻炼平衡能力等均有较好的效果，因此可以经常练习。

## 二、接力类球感游戏

接力类游戏是一种分组竞赛游戏，是依照一定规则，完成规定内容，在时间、距离、数量上战胜对方的一种游戏。具有竞争性、趣味性、集体合作性、健身性等优点，在儿童网球教学中，应结合网球运动的特点来安排接力游戏。游戏的目的要明确，并且要注意安全性。下面介绍几种常见的幼儿网球接力游戏，教练员可以根据训练需要改编这些游戏。

### （一）用网球拍运球接力游戏

**目的**：熟悉球性，提高控球能力，培养网球兴趣。

**方法**：将参与者分成人数相等的两个组并排成纵队，每组一个拍子一个网球，每队排头拿着拍子并把球放在拍子上，听到口令后第一个人用拍子运送球到指定地点，返回后把拍子与球传给下一个人，看哪一组先完成。本游戏适合有网球基础的4~6岁幼儿练习，年龄小或者基础差的孩子需要变化方式，如把球放在拍颈上或者把网球换成不易滚动的粘耙球。（图2-3）

图2-3　粘耙球及粘耙盘

## （二）拍球接力游戏

**目的**：提高球感，培养兴趣，发展协调性、灵敏性与移动能力、培养团结协作的思想品德。

**方法**：学生分成两组，成纵队站在底线后，排头手拿一个网球（根据孩子年龄选择软球还是硬球），教练发令后，排头开始拍球向前快速移动，如果失误必须将球捡起来，回到失误地继续拍球向前，碰到网球场网立即返回，返回时可以持球跑回或者拍球回，然后把球交给下一位幼儿，根据需要可以连续跑多组，先到达的组胜利。

**变化**：对于较小的幼儿来说，拍球难度大，可以用手或者拍子托球代替。

## （三）垫球接力游戏

垫球接力跑对于幼儿来说有一定的难度，可以根据孩子的水平和年龄适当调整接力方式。

**目的**：培养球感和网球兴趣，提高协调性和控球能力。

**方法**：几个孩子围成一个圈，互相之间保持一米左右距离，一个孩子开始垫球给另一个孩子，尽量保持球不落地。

**变化**：此游戏根据幼儿水平可以调整练习方法，幼儿可以面对面互垫，或者把球放在拍子上互相传球，或者相隔几米用拍子送球给下一位幼儿进行接力比赛等。也可以分组进行垫球接力比赛。如把孩子分成人数相等的两组，排成纵队进行垫球接力比赛等。

### （四）抛接球接力游戏

**目的：** 培养球感，提高移动能力、平衡能力和团结协作的精神。

**方法：** 把幼儿分成面对面站立的两组，教练发令后，排头手拿一个网球抛向对面的幼儿，两人来回抛接球，先失误的一组输。

**变化：** 可以站在平衡垫上互相抛接球，也可互抛两个球接球，还可以侧滑步移动抛接球、单脚站立抛接球等，教练应多改变练习的方法来提高孩子们的兴趣。

## 三、追逐速度类游戏

这是以一方追逐另一方的形式进行的游戏。此类游戏可以提高学生的奔跑速度能力，灵敏性，反应速度，锻炼腿部与腰部力量，从而提升对网球的兴趣。此类游戏有少追多、多追少、交替变化人数等多种形式。进行此类游戏时除应考虑体能训练效果、运动兴趣外，还要结合网球的特点，提高学生的网球基本能力。下面列举几个网球课中的追逐游戏。

### （一）猫抓老鼠

**目的：** 培养孩子的灵敏性和移动能力。
**方法：** 一个幼儿做"猫"，其他幼儿做"老鼠"分散在网球场。"老鼠"每人拿一个网球（大米）逃跑，"猫"去追"老鼠"。"老鼠"拍球或者抛球时，"猫"不能抓，"老鼠"抓球时就可以抓，直到抓完所有的"老鼠"为止，然后可以换人继续。

规则：逃者不能跑出网球场外，不能翻网，只能经两侧去到另一边网球场内。抓人者不能推、扯人，轻碰对方即可。

## （二）大网鱼

目的：培养幼儿们的灵敏性、速度与耐力素质，提高网球兴趣和球感。

此游戏是常见的体育游戏，操作简单，运动量大，趣味性强，结合网球的传球可以调节运动负荷，同时培养幼儿的球感。

方法：幼儿分散在网球场（池塘），一个幼儿做"渔夫"，其他幼儿为"鱼"，"渔夫"去追抓"鱼"，被抓的"鱼"变为"渔夫"，"渔夫"们手牵手形成渔网进行捕鱼，直到捕完鱼为止。

规则：只能在网球场跑，要注意安全，不能推拉人，碰到即可。

变化：做"鱼"的幼儿每人拿一个网球，当一个幼儿被抓后站在原地不动，其他幼儿可以把网球给这个幼儿，当这个幼儿拿到两个网球时即可还原成"鱼"继续游戏。

## （三）跑或者单脚跳互追

目的：培养幼儿的弹跳力、平衡能力与耐力，提高网球学习兴趣。

此游戏可以锻炼幼儿的平衡能力、腿部力量、灵敏性及耐力，趣味性强，运动负荷较大，低龄幼儿可用跑代替单脚跳。

**方法**：将6个标志桶放在一个直径大约为5米的圆周上，每两桶间隔距离相同，每个标志桶边站一个幼儿，采用单脚跳的方式从外侧绕过标志桶，去追前面的人。看谁先追上前面的人。也可以看谁先完成几圈，如先完成5圈者为胜。要及时更换幼儿的站位，并可以根据幼儿水平或者年龄大小等来调整练习方式或者锥桶的位置。如年龄较大的幼儿可以手持网球（一个或者多个，根据孩子能力来决定）进行单脚跳。

**变化**：

①可采用跑的方式，或者先每次绕过自己站位的标志桶一圈再围绕标志桶外侧跑一大圈，看谁追上前面的人。可变化方向或者换位置跑，也可以隔一个标志桶站一个人。

②此游戏可以在每个标志桶上面都放一个网球，幼儿用手持一个网球，跑到自己的标志桶位置时进行换球练习。

## （四）运球追人

**目的**：提高球性、平衡能力和移动能力、力量水平。

此游戏主要练习控制球拍保持拍面水平的能力，锻炼上肢力量和保持重心稳定情况下的移动能力，对击球的稳定性有一定的帮助。

**方法**：将6个标志桶放在一个直径大约为6米的圆周上，每个幼儿手拿一个网球放在网球拍上，开始时每个幼儿分别站在一个标志桶旁边，两人间隔距离相等，按照一定方向运球追人。球落地后幼儿必须捡起回到落地位置继续游戏。

**变化**：此游戏适合5~6岁并有一定网球基础的幼儿，较小的幼儿可以采用手持网球代替网球拍持球。当幼儿水平有较大差距时，可以调整难度、距离等，从而保证所有的幼儿都能进行游戏，要注意激发孩子的兴趣，并保证孩子的安全。

## 四、反应速度类游戏

### （一）抛球抓球

**目的：** 提高快速反应能力，提高抓球准确性，提高球性，为准确击球打基础。

**方法：** 教练同时从不同方向抛网球给幼儿抓，看谁抓得多。

**建议：**

（1）根据幼儿的年龄和能力来变化抓球的方式，可以双手抓，也可以单手抓，可以不落地抓也可以落地一次弹起来抓，低龄幼儿可以到地上去捡球。

（2）也可以用各种设备代替手接球，如标志桶、渔网等。

（3）要注意安全，避免伤害他人。

### （二）听口令做动作

**目的：** 提高快速反应能力，提高球性。

**方法：** 教练报出一个动作名称，幼儿迅速做出相应的动作。如口令为下蹲，幼儿快速下蹲；口令为正手抛球，幼儿快速做出抛球动作；也可以做相反的动作，如下蹲口令时，幼儿做站立，口令向左跑，幼儿向右跑等。

**建议：** 此游戏根据幼儿年龄大小来变化动作内容，如大的幼儿可以拍球、抛接球等，如教练说拍球大家开始拍球，教练说抛球击打目标，就击打目标。也可以做与教练口令相反的动作。如教练说抛球，孩子们拍球，教练说拍球，孩子们抛球，要注意保持安全距离。

### （三）背对教练（抛球者）转身接球

**目的**：提高反应速度和移动能力，培养网球兴趣，提高球性。

**方法**：幼儿背对网球教练，听到教练口令后，迅速转身接教练抛出的球，然后快速向目标方向练习扔球。

**建议**：

①建议使用过渡球或者海绵球进行练习以保证安全。抛球的难度要符合幼儿的年龄特点。

②可以两人一组，一人抛球喊口令，一个人接球后扔球，然后交换。

### （四）放球抓球

**游戏目的**：提高球性、反应速度、移动能力。

**游戏方法**：教练与幼儿面对面站立，教练左右手各持一个网球，随意放一个球，幼儿迅速移动去抓教练放下的球，球只能落地一次。

**教学建议**：可以两人一组进行练习。幼儿与教练的站位要合适，要让幼儿站在通过努力能抓到球的位置。

## 五、移动速度类游戏

### （一）侧滑步移动比赛

**目的**：提高幼儿的侧向移动能力。

**方法**：幼儿站在网球场一侧线上，听到口令后，幼儿从一侧线侧滑步到另一侧线，看谁速度快，也可以分成两组比赛。

**变化**：可以持拍侧滑步比赛，也可以在拍上放一个球进行练习。

### （二）多点往返计时跑

如在底线中点开始向两侧边线与底线交叉T点跑去，然后折回，跑完要求的各个点即完成。

### （三）接力往返跑

分成人数相等的两组，在相隔5米的地方放标志桶，排头每人拿一个网球，听到口令后同时出发，绕标志桶跑回把球传给下一个人，看哪一组获胜。

## 六、平衡、灵敏协调性游戏

### （一）原地平衡练习

**目的**：提高平衡能力和学习兴趣。
**方法**：
①单脚站立，脚尖着地，坚持时间长者胜利（图2-4）。
②双脚站在平衡垫上看谁稳定。
③双脚站在平衡垫上做各种抛球、垫球动作。

图2-4　单脚站立

④单脚站在平衡垫做各种动作等。可结合网球球性练习做各种站立平衡动作。

### （二）移动平衡练习

①跨步跳站稳比赛。幼儿面向网球场站立，站在网球场边线上，向场内跨步，单脚落地站稳，然后跨两三步并保持平衡，走得最远者获胜，最后要求胜利者用相同步数跨步回到原来位置。

②侧跨步跳单脚站稳比赛。站在网球场边线上向网球场内侧跨步，单脚落地并站稳。

③单脚跳垫球比赛。幼儿持拍垫球单脚跳，如果有难度可以用手持球，抛接球单脚跳。

④交叉步单脚站立平衡比赛。站在网球场边线上向网球场内

侧走交叉步，单脚落地保持平衡，跨步要大，两脚交替进行跨步练习。

⑤放球练习双脚或单脚站立，放球于锥桶尖上，如图2-5所示，孩子们正在走平衡垫进行放球比赛。

图2-5 平衡协调能力练习

**变化**：以上练习可以增加接球抛球游戏，如侧跨步、交叉步接球练习等。

## （三）灵敏协调性练习

抓六角球、抓变化来球、自抛自接网球、两只手来回抛接一个网球、两只手同时抛接两个网球等。还有各种变向跑，如8字跑、蛇形跑、绕杆跑、滚铁环跑。另外各种变化跳如躲闪球跳、之字跳、跳跳球。运用绳梯做各种跑跳练习（图2-6），也可以结合网球球感练习各种跑跳等。

图2-6 灵敏协调性练习

## 七、准确类游戏

各种击打标志物的抛球、击球等。稳定性是网球运动的重要特点，击打目标是提高击球稳定性的最好方法。由于幼儿小，因此可以采用简单的扔球、抛球击打目标的方式。如正手击球动作扔球击打目标练习等，在打球当中设置各种标志物作为击打目标，提高孩子精确控制能力，标志物的大小远近要合适，要让孩子们通过努力能击中目标。

### （一）击打呼啦圈

把若干个呼啦圈（大小可以不一样）挂在墙网上，高度1~2米不等，根据幼儿年龄或者水平调整幼儿离挡网的位置。幼儿用正反手击球，把网球扔进呼啦圈后换下一个目标，直到所有呼啦圈都被投中为止。

变化：大点的幼儿可以换成用拍子击打网球进呼啦圈。

## （二）击打标志桶（或者标志桶上的网球）

把若干个标志锥桶排成一排，相隔一米左右，幼儿离标志桶一定距离站立，用网球击打每一个标志桶，看谁先击打完所有标志桶，注意幼儿的扔球动作要与击球动作一致。

变化：可以把网球放在标志桶上面进行击打，增加难度，也可以要求用网球正反手动作扔球或者打球击打标志桶等，也可以用篮球、足球、排球等击打目标。

## （三）投篮

可以用小篮球架或者自制篮筐，幼儿用网球或者其他适宜大小的球投入篮筐，看谁投得准。在规定的时间内完成投中次数为胜。

自制篮筐的方法：可以用一根棍子插入网球场角上的挡网上形成三角筐。

变化：可以用购物车或者网球车等代替篮筐。

## （四）滚球过栏

将5~10个栏在地上摆成一排，幼儿从一端扔球，滚过所有的栏者为胜，看谁先完成规定的次数（如10次）。

变化：可以用网球拍击打网球，让网球在地上滚过各栏，教练员可以通过摆栏不在一条直线上来增加难度。

## （五）击打足球

幼儿分成两组，把足球放在半场发球线和中线交汇的T点上，幼儿们用网球击打地上的足球，让足球滚到对方的场地上，在规定的时间内球滚到对方场地为胜利。

**注意事项**：注意只能向下击打地上的足球，不能向上击打。由于幼儿较小，不要用拍子击打网球，以免击伤其他孩子。

**变化**：所有幼儿站同一边，一组每人击打一次，然后另一组击打，看谁击打的球滚得更远。由于幼儿都站在同一边，可以用球拍把网球击打向足球。

## （六）用网球击打标志物

把标志桶放置在场地上离边线约两米左右位置，离底线的距离根据训练目的和幼儿的水平来确定，水平高的放置离底线近点，反之离底线远点。通过多球训练击打目标，看谁击中目标的次数多。也可以在前场、中场与底线前三个位置放标志桶，击打不同位置的标志锥桶，三个位置的标志桶得分分别为3分、5分、10分（教练可以自行确定分数），看谁最后得分多。

**变化**：由于年纪小，幼儿击打标志桶可能比较困难，教练员应根据幼儿情况设置标志物。如可以用较大的购物车、网球车等代替标志桶，保证幼儿能打中目标或者目标区域，以提高幼儿网球兴趣。

## 八、综合类游戏

此类游戏可以提高幼儿的各项运动素质。如用锥桶接球（图2-7）就可以锻炼孩子的协调性、灵敏性、准确性、反应能力以及空间感、节奏感等。抛球要从易到难，幼儿们要保持一定距离，以免碰撞，抛球方式要有变化，也可以用海绵球或者过渡球进行游戏。

图2-7　用锥桶接球练习

又如抓老鼠游戏，教练把网球抛到反弹墙上，幼儿去抓从墙上反弹过来的网球。抛球的力量、方向、旋转等要变化多样，难度要适合幼儿的年龄特点。这个游戏趣味性强，对提高幼儿的反应速度、移动速度及灵敏性等有较好的效果。

## 第二节　培养幼儿网球兴趣的其他方法

父母是孩子的第一任老师，父母的言行举止、兴趣爱好在很大程度上影响着孩子。培养孩子的网球兴趣首先要从家庭入手。儿童参与网球运动最主要的原因是受父母的影响，父母经常打网球的，孩子接触网球的机会较多，父母可能会带孩子到网球场或者比赛场去观看或者打网球，再进行适度的引导来增加孩子对网球的兴趣，所以家庭因素在培养少年儿童网球兴趣中起着很重要的作用。

其次，教练员的直观教学方式也能培养儿童的网球兴趣。如用录像机录下幼儿的动作，与网球明星视频进行对比，结合技术讲解与错误动作分析等多种方式，让孩子直观看到自己和明星或者教练的技术动作的差距，引导他们做正确的技术动作，通过多种直观方式提高孩子对网球的认识和理解，增加他们的兴趣。尤其要注意，教练要多做示范动作，多做分解动作，采用完整分解相结合的方式，反复带领幼儿练习，有利于幼儿迅速掌握网球技术。

明星效应也对儿童网球启蒙训练中的兴趣培养起重要的作用。如为幼儿播放我国网球运动员李娜、李婷等获得冠军的视频，让他们了解我国网球在国际上所取得的成就，尤其是中国女子网球更能在国际上占有重要位置。华裔男子网球运动员张德培也曾经排名世界第二，并获得过大满贯冠军，说明中国人是适合网球这个项目的。以此来激发孩子们对网球与祖国的热爱，增强孩子们的信心，当年有很多人就因为李娜而喜爱上了网球。

# 第三章　幼儿网球体能教学与训练

网球具有较好的健身功能，也能提高身体素质。网球运动能促进儿童生长发育，促进力量、耐力、灵敏性、柔韧性、速度、平衡能力等素质的全面提高，而通过合理科学地安排网球体能教学与训练，更能进一步推动幼儿的身体素质的全面发展，促进幼儿体能与网球技能的同步提高。

## 第一节　幼儿体能教学训练的原则与方法

### 一、幼儿体能教学训练的重要性

体育运动的基本功能就是锻炼身体，促进身体素质的提高。幼儿是祖国的未来，是中国网球的未来之星，幼儿如果没有打下良好的身体基础，就不可能成为未来网球之星。因此幼儿进行身体素质训练，不仅可以促进自身生长发育，更能为未来发展打下良好的身体基础。

相关研究指出：1个月~1岁的婴儿增加体育运动与改善肥胖、提高运动技能与认知能力成正相关；1.1~3岁的幼儿增加体育运动促进幼儿的骨骼生长与骨骼健康；3.1~4.9岁的幼儿多参加体育运动有利于改善肥胖、提高运动技能、促进心理健康和改善心血管健康指标等。另一项研究结果显示：3~4岁的幼儿参加体育锻炼有助于运动技能、心智发育、改善肥胖、骨骼健康等多项健康指标的提高。而1岁以内的婴儿进行俯卧训练、跳舞等有氧运动运动对于婴儿健康是有积极意义的，但关于运动强度与运动时间等对1岁以内的婴儿健康的影响还没有明确的研究结论。

世界卫生组织提出，5~17岁孩子每天要进行中高强度运动60分钟，并以有氧运动为主。大于60分钟的体育运动促进健康效果更好。

澳大利亚的一项研究《5~12岁儿童与13~17岁年轻人体育运动、久坐与睡眠指南》指出：

①每天中等强度以上的有氧练习运动时间累计要超过60分钟。

②每天要进行数小时的低强度的体育锻炼。

③每天坐着看娱乐性屏幕时间不要超过2小时。而且尽可能不要久坐。

④5~13岁儿童每晚保证睡眠时间9~11小时，并且睡觉与起床时间要有规律。14~17岁保证睡眠时间为8~10小时。

⑤保持充沛的精力参加活动，每周至少从事肌肉与骨骼方面的锻炼三次。

⑥以中高强度的运动来替代久坐，保证充足的睡眠时间。

中国《3-6岁儿童学习与发展指南》（以下简称"《指南》"）以为幼儿后继学习和终身发展奠定良好素质基础为目标，以促进幼儿体、智、德、美各方面的协调发展为核心，通过提出3~6岁各年龄段儿童学习与发展目标和相应的教育建议，帮助幼儿园老师和家长了解3~6岁幼儿学习与发展的基本规律和特点，对幼儿发展形成合理期望，实施科学的保育和教育，让幼儿度过快乐而有意义的童年。《指南》提出促进幼儿身心健康应该注意的事项。营养、睡眠、运动是影响幼儿身体健康的主要因素；创设温馨的人际环境，让幼儿充分感觉亲情和关爱，形成稳定的情绪是促进心理健康的主要因素；帮助幼儿养成良好的生活与卫生习惯，提高自我保护能力，使其形成终身受益的生活能力和文明生活方式，从而使其具备良好的社会适应能力。《指南》还指出：应激发幼儿参加体育活动的兴趣，养成锻炼的习惯。

以上材料均表明，许多国家政府对幼儿进行体能锻炼是非常关注的，各国都非常重视体育运动促进人的健康与全面发展。

《中国青少年网球训练大纲》指出，人体身体素质发展是有阶段性的。4~12岁是体能训练开发的最佳年龄段。幼儿前期网球训练当中，通过网球游戏训练体能的内容安排较多。如果已经接受网球启蒙的幼儿可以在训练中增加网球技术难度，但仍要以基础体能训练为主，如移动步法与击球相结合练习。4~6岁幼儿如果没有网球基础，可增加以网球球感为主的体能练习，通过网球训练来提高身体素质。

## 二、幼儿网球体能训练原则

### 1. 健康第一原则

在体能训练中要始终坚持保障幼儿的健康，选择与幼儿年龄段相匹配的体能训练内容，控制好运动量与运动强度，做好安全工作。课前要做好充分准备工作，如检查场地器材，每节课要做好充分的准备活动，准备活动的内容要与网球和体能教学内容相关，防止运动损伤。教练员或者家长们要认真学习掌握孩子的生理特点，因为只有掌握幼儿的生理特征才能更好地选择适合孩子身心健康的网球体能项目，从而科学贯彻健康第一的原则。

### 2. 兴趣性原则

把体能训练内容与兴趣结合起来，把单调的网球训练与体能训练变成游戏，让孩子们在快乐的游戏中达到训练的目的。幼儿网球训练要以兴趣为核心，没有兴趣是不可能取得好的训练效果的，因此，教练员要激发幼儿的兴趣，通过游戏、比赛及鼓励表扬等各种方式与途径来激发幼儿的体育训练热情，从而提高训练效率。

### 3. 区别对待的原则

根据幼儿的年龄、性别、体能等实际情况来安排体能训练，不同幼儿身体素质、意志品质、网球技术等参差不齐，要根据幼儿的特点针对性地进行训练。

### 4. 渐进性原则

运动负荷和强度要渐进性增加，动作要从简单到复杂，要根据幼儿的年龄与生理特点来安排运动量和体能训练内容，随着幼儿的网球水平与能力的提高而逐渐增加训练难度与强度。

### 5. 持续性和系统性原则

体能训练要有持续性，不能"三天打鱼两天晒网"，要做长期系统的体能训练安排，间隔时间要合理。教练员至少要做年度训练计划与学期训练计划，各阶段训练之间要有机统一，从而系统地提高体能训练效果。

### 6. 与网球技术相结合原则

幼儿的体能训练要结合网球特点，如侧身跑垫球、移动中挥拍练习等既可以发展侧向移动能力，又可以提高球性。

### 7. 全面性原则

要全面地进行体能训练，提高身体各个方面的素质，如力量、耐力、速度、灵敏性、协调性、柔韧性等。同时要注意各个部位的全面训练，如上肢力量、核心力量、耐力的训练等，要避免幼儿过多地使用同一个部位去运动。如在幼儿网球教学中，要注意正反手训练的对称性，如果练习正手过多就要通过反手动作训练来调整，使幼儿左右发育对称。

### 8. 网球竞技需要原则

幼儿体能训练要结合网球竞技的特点，网球运动不仅需要较快的移动速度与平衡能力，而且需要较高的灵敏性与击球速度等素质。因此，幼儿从小就要进行平衡能力、击球力量、快速移动、变速能力训练，从而更好地满足网球比赛需要。

### 9. 把握幼儿身体素质的敏感期的原则

目前对5岁以内幼儿身体素质的研究较少，以往认为5岁是身体素质敏感期，是幼儿生长发育最快的阶段。幼儿3岁前做一些柔韧性、走跑、平衡等身体素质训练。当幼儿进入4岁以后，肌肉、骨骼、神经系统等方面的综合能力迅速发展，能进行非常复杂的身体活动，这时可以进行速度训练、灵敏性训练及不负重的力量训练，但强度不可过大。

## 三、幼儿网球体能教学训练方法

体能是一个人通过力量、速度、耐力、协调、柔韧、灵敏、平衡等运动素质表现出来的人体基本的运动能力，下面介绍几种幼儿网球体能教学训练方法。

### 1. 游戏法

采用游戏的方式进行训练对提高幼儿网球兴趣和身体素质有较好的作用，尤其是结合网球的游戏可以起到体能与网球技能同步提高的效果，对培养幼儿团结互助精神，锻炼意志品质等都有重要意义。

### 2. 鼓励表扬法

幼儿在认识世界、了解世界的过程中快速成长，同时这也是认识自我的过程。在体能训练当中，一定要及时鼓励孩子，表扬孩子，让他们感受到自己在不断进步，增加他们的自信。幼儿对自己行为的认识是模糊的，基本没有什么概念，需要通过他人的反馈来认知自我，教练要多采用鼓励表扬的方法。如果幼儿完成任务有困难，可以设置一些简单的、他们能完成的动作，并及时表扬他们，这样会激发他们的兴趣。

### 3. 讲解示范与及时纠正错误法

在网球或者体能训练当中，需要不断地给幼儿做示范动作，及时纠正其练习中存在的错误。幼儿接受能力与运动能力较差，往往不能很好地完成体能动作，但这并不影响发展幼儿的体能训练，教练通过多示范和手把手指导就能解决体能教学训练中存在的问题。

### 4. 比赛法

通过各种各样的比赛可以提高幼儿的身体素质。如抛球比赛，击球目标比赛等，通过比赛的方式可以让幼儿了解到自己的优势与不足，教练员对其不足要引导与训练，而不是批评，要提高他们比赛的兴趣。

**5. 多球或者飞盘训练法**

采用网球的多球训练法可以提高孩子们的速度、灵敏、耐力、力量等身体素质。多球训练并不是一定都是教练送球给幼儿们击球，有时候可以采用多球抛接球训练，采用模仿打网球的动作扔软飞盘也是锻炼身体素质和提高网球技术的较好方法。

## 第二节  幼儿网球体能训练计划与内容

### 一、幼儿体能训练计划

由于幼儿每周参加网球训练的次数不同，因而要进行不同的网球体能训练安排。幼儿整体上是网球训练的基础阶段，因此体能训练计划要体现基础性。表3-1是针对每周训练5次的4~6岁幼儿的体能训练计划（本例周二、周六休息）。

表3-1  每周训练5次的4~6岁幼儿体能训练计划

| 天 | 周一 | 周三 | 周四 | 周五 | 周日 |
| --- | --- | --- | --- | --- | --- |
| 体能内容 | 反应速度 | 耐力 | 灵敏 | 力量 | 速度灵敏性 |
|  | 移动速度 | 柔韧 | 柔韧 | 速度 | 协调性 |
|  | 手指灵敏性 | 协调 | 平衡 | 柔韧 | 平衡 |
|  | 平衡能力 |  |  | 协调 |  |
| 供能系统 | 无氧 | 有氧 | 有氧 | 乳酸 | 无氧 |
| 训练量 | 中 | 中大 | 小 | 大 | 中 |
| 训练强度 | 较大 | 小 | 中大 | 大 | 中 |

根据中国青少年网球训练大纲，6~9岁儿童每周4小时训练当中体能训练占2.5小时，技术训练为1.5小时，而幼儿体能训练的比重更要大于技术训练，因此，在幼儿期，网球训练以体能训练为主，要把网球练习融入到体能训练当中来。这需要教练员系统地掌握生理学、运动训练学、体育教育学、儿童心理学和网球等方面的知识，才能将两者有机地结合起来，因此提高教练员的执教能力显得非常重要。

## 二、幼儿体能训练内容与方法

### （一）柔韧性

柔韧性是指人体关节活动幅度以及韧带、肌肉等组织的弹性和伸展能力，是人的重要身体素质之一。柔韧性好、肌肉弹性好、肌肉中气血流畅，有利于全身血液循环，更好地为各器官、系统提供氧气与养料，促进身心健康。对于青少年与幼儿来说，能更好地促进他们的生长发育。中国有句古话："筋长一寸，命长十岁。"幼儿的肌肉与骨的有机成分多，弹性好，因而幼儿时期是进行柔韧性练习的最好时机。做柔韧性练习前要做好充分的热身运动，如侧身跑、各种变化方向的慢速跑、拍球、垫球跑等，结合网球运动需要而做相应的热身运动。幼儿热身后开始安排做各种拉伸练习，而且在课中和课程结束部分都应该适当安排拉伸练习。

拉伸方法有两种，一种是静力性拉伸，是指拉伸时动作不变，保持一段时间拉伸状态的拉伸练习。另一种是动力性拉伸，是指拉伸时借助运动惯性，增加拉伸范围的一种拉伸方法。越来越多的研究指出，准备活动应该以动力性拉伸为主，而结束部分应以静力性拉伸为主，有利于肌肉放松。网球运动中不大参与活动的部位应该多进行静力性拉伸，而颈部、手腕等经常参与运动的部位应该多做动力性拉伸。

1. 肩关节拉伸

方法：通过各种方向的肩部拉伸加强肩关节的柔韧性，如手扶挡网双肩下压练习。

2. 背部腰部拉伸

方法：坐位、站位体前屈、单杠悬垂、手扶挡网压腰等。

3. 腹部拉伸

方法：双手俯撑地拉伸、下腰、背对背互相背人、仰卧在健身球上等。

4. 手臂拉伸

方法：手扶网球挡网，手臂伸直，重心后移，躯干正直，用力向下、向后拉伸手臂。单杠悬挂也有助于手臂拉伸，方法是双手握单杠，手臂伸直，身体离开地面，保持一会儿。要注意准备安全措施，防止孩子摔伤。

5. 手腕拉伸

方法：左手伸直，掌心向上，然后用右手抓左手，手指用力向后压，保持几秒后交换。也可以改变掌心方向，进行反方向拉伸。

6. 髋部拉伸

方法：弓步压腿、仆步压腿、交叉步侧走、外摆腿、内摆

41

腿、侧弓步走。

**7. 臀部拉伸**

方法：仰卧二郎腿搬脚练习，或者站立盘腿下蹲。

**8. 大腿前侧拉伸**

方法：原地同侧手体后抓脚练习，行进间同侧手体后抓脚，双手体后抓脚练习。

变化：可以采用卧姿进行同样的练习

**9. 大腿后侧拉伸**

方法：体前屈、杠上压腿、劈纵叉等。

**10. 大腿外侧拉伸**

方法：莲花坐、向内摆腿、体前搬脚等。

**11. 大腿内侧拉伸**

方法：坐位分腿体前屈、横叉、侧压腿、侧弓步走等。

**12. 小腿后侧拉伸**

方法：脚尖走——双脚脚尖着地，脚跟提起向各种方向走或者跑，可在热身时做此练习，可与网球球感练习一起进行，如脚尖走垫球比赛等；脚跟走——双脚脚跟着地，脚尖尽量翘起，左脚向前上步，然后右脚上步，此练习也可以侧向走或者后退走。

**13. 踝关节拉伸**

方法：脚外侧着地走、脚跟走、脚内侧走等。压踝练习——脚尖放于几厘米高的固定物上，脚跟着地，用力压踝关节。

**注意事项**：拉伸前要充分热身，幼儿可以多做静力性拉伸来提高柔韧性。但随着网球水平的提高，应该多做动力性拉伸，动力性拉伸更能提高神经反应速度，提高肌肉爆发力，对提高运动成绩更有意义。而且在准备活动期间主要以动力性拉伸练习为主，在动力性拉伸练习结束时可稍做静力性拉伸，如正压腿练习做4×8拍后，再后一拍停20秒做静力性拉伸。在放松阶段，要做静力性拉伸，让肌肉逐渐放松下来。

## （二）心肺与肌肉耐力

心肺耐力是指一个人维持身体长时间活动的能力，这种能力与心肺功能有直接的关系，心肺功能强大则耐力好。其原因是强大的心脏收缩能把更多的动脉血射入动脉，为血液流动提供更多的动能，促进血液循环。而肺功能强则能从外界吸收更多氧气，排出更多浊气，氧气进入血液与血液中的养料进行氧化作用，从而产生更多能量供生命活动所需。因此心肺耐力好的人活动起来更轻松，长时间活动能力更强，更有助于提高肌肉耐力。

肌肉耐力是肌肉维持长时间活动的能力。不同的对象肌肉耐力不同，同一个人不同的部位肌肉耐力也不一样，肌肉耐力与心肺功能有较大关系，同时与肌肉的成分有密切关系，红肌成分多的人肌肉耐力好，而白肌成分多的人肌肉耐力差但爆发力好。通过特定肌肉部位的训练是可以提高肌肉耐力的。

### 1. 游戏法

前面介绍的追人游戏如老鹰抓小鸡、大鱼网、围成一个圈绕圈追人等都可以提高心肺耐力。

### 2. 连续移动多球训练

此类训练是发展心肺功能与肌肉耐力的较好方法。要注意根据幼儿的年龄安排多球训练方式，包括击球、接抛球等多种方式。

### 3. 连续移动运球

连续5分钟移动垫球、移动抛球，时间可以自行调整。

### 4. 连续跳绳练习

可以跳长绳和短绳，也可以前后跳、左右跳、之字跳等。也可以采用单脚跳的方式进行，如果幼儿太小，不能跳绳可以采用连续各种跳代替。

### 5. 连续接力跑

如把幼儿分成两组，绕8字跑、蛇形跑、接力跑。

### 6. 连续组合训练

侧身跑5米，然后双脚跳5米，接着蛇形跑5米，再绕圈跑一圈，最后反向侧身跑5米组合训练。

### 7. 连续跳跃练习

连续练习跳跳球、圈脚过杆闪光跳等，看谁跳得多，跳得好。

## （三）力量素质

力量是克服阻力的能力。力量素质是最重要的身体素质，是其他身体素质的基础，也是决定网球击球能力的重要因素。

力量是由肌肉收缩产生的，不同的肌肉收缩形式产生不同的运动效果。肌肉有四种收缩形式：向心收缩、等长收缩、离心收缩和等动收缩。如当我们发球向后引拍时，胸肌、肩部肌肉等做离心收缩，当发球挂拍头时做离心收缩，而鞭打向上挥拍时做向心收缩，当做准备姿势时两下肢做等长收缩，而做分腿垫步时则先离心收缩紧接着做向心收缩，这种快速离心收缩而紧接着快速做向心收缩的收缩运动，被称为超等长收缩。这种练习对于锻炼肌肉爆发力有明显的效果。因此，网球运动可以提高肌肉爆发力。

网球是力量性项目，经常打网球，可以提高全身力量素质。下面介绍幼儿力量素质练习方法：

### 1. 掷球练习

这是发展全身力量的有效方法，也可以作为发展网球专项力量的训练方法。教练要根据幼儿年龄、水平不同来调整球的大小，可以使用网球、排球、足球、篮球、实心球等。掷球的方法多种多样，可以正反手击球动作扔球，也可以发球动作扔球，可以双手头上扔球，也可以背向扔球等，可以结合网球步法进行练习。为了发展各部位的力量，教练员要经常更换幼儿掷球姿势。

### 2. 跳跃练习

各种单脚跳、双脚跳、侧身跳、变向跳等。这是发展幼儿下肢力量的有效方法，同时可以提高平衡能力与灵敏协调性等身体素质。

### 3. 上肢与核心力量练习

俯卧撑、站立举腿、悬垂举腿、仰卧两头起、平板支撑等。

这是练习上肢力量与核心力量的较好方法，练习时注意合理安排练习的次数、组数，可以分开练习也可以循环练习。

#### 4. 摇力量绳（战绳）

把一根长力量绳放在地上，幼儿拿起一端朝各方向进行摇绳练习。摇绳的方法有很多，可以朝各方向摇绳，也可以弧形摇绳，因此有较强的趣味性，是锻炼全身力量的好方法。

#### 5. 拔河比赛

是练习全身力量的较好方法，要注意安全，比赛进行时，任何一方不得放手，教练员要站在中间手拉绳子，做好保护工作，练习时要注意幼儿的人员分配与交换场地等。

#### 6. 拉弹力绳练习

各部位力量练习都可以通过拉弹力绳的方法，可以结合网球技术做专项力量练习，如拉弹力绳做正反手、发球、截击等动作。

#### 7. 弹力绳网球练习

腰上固定弹力绳，向各方向移动击打网球或者扔网球练习。这是网球专项力量练习方法，要注意防止弹力带反弹，以防将孩子带倒，教练要做好安全保护工作并教幼儿如何安全地回位。

#### 8. 跳碰碰床或者弹性海绵垫

跳碰碰床是锻炼下肢爆发力的有效方法，具有趣味性强、起跳速度快、弹跳高等特点，要注意安全，幼儿要依次进行练习，不能几个人同时在一张小床上跳。

### 9. 悬垂力量练习

做各种悬垂动作,可以练习各部位力量。如悬垂举腿可以锻炼腹肌、大腿前侧肌肉、上肢肌肉及手指肌肉力量;悬垂分腿侧起可以练习大腿内外侧及侧腰肌力量等。

### 10. 台阶练习

通过走、跑台阶练习锻炼幼儿的腿部力量。

### 11. 爬绳梯练习

把绳梯挂在网球墙上,幼儿从下往上爬。可以锻炼幼儿的四脚力量及协调性,培养幼儿勇敢坚毅的品质。

## (四)平衡能力训练

网球运动员的平衡协调性非常重要,平衡能力与核心力量、腿部力量有密切关系。协调性主要表现为身体各部位协调一致,是一种以适当的方式去完成合理技术动作的能力。

### 1. 走战斗绳

将战斗绳放在地上,让孩子们在上面行走。走长绳对锻炼平衡能力效果较好,刚开始难度较大,可以把绳折成两股进行练习,也可以侧身走战斗绳。

### 2. 绳梯练习法

各种变向跑、变向跳、单脚跳等。尤其注意多练习侧向跑、侧向跳、往返跑和往返跳。

### 3. 单脚跳斗鸡

一条腿盘起,双手抱盘起的腿,单脚跳,用膝盖相互碰撞,不能用手推,坚持不住双脚着地者为败。此游戏适合4~6岁的幼儿,年纪小的幼儿可采用单脚支撑比谁站得时间长,另一脚落地为输。

### 4. 平衡垫练习

把平衡垫围成一圈,让孩子们在平衡垫上行走。可以变化练习形式,如互相抛接网球走、用拍托球走等,也可以保持不动,可以双脚站立也可以单脚站立等。不能在平衡垫上跳,有的孩子刚开始不知道平衡垫的不稳定性,跳上平衡垫,这容易摔倒,要教幼儿慢速移动,这样更有利于练习平衡能力。可以采用比赛的方法提高幼儿兴趣。

### 5. 倒立练习

头手倒立、手倒立、肩肘倒立等倒立类练习,可以有效地提升幼儿的平衡能力。但在练习过程中,教练要做好保护工作。

## (五)速度素质与灵敏协调性训练

速度素质是人体快速运动的能力,它包括反应速度、动作速度与移动位移速度。反应速度是指人体对外界刺激做出反应的快慢。动作速度是完成动作的快慢程度,而移动位移速度是单位时间内移动的距离。我们这里的速度是指人体产生的速度,而不是球的速度。速度素质是网球运动员的核心素质,速度太慢就不可能打好网球。

网球运动员的速度训练通常与灵敏训练相结合，网球运动更需要短距离快速改变方向的能力。速度灵敏素质是中枢神经系统和肌肉爆发力的反映，通常安排在其他运动素质前进行训练，因为此时中枢神经系统没有受到其他训练影响而保持较清醒的状态，在两次练习之间要有较充分的休息时间。下面列举一些适合幼儿的速度、灵敏素质训练方法。

### 1. 反应速度与移动速度游戏

通过各种指令让幼儿们做出对应的动作，可以提高反应速度，反应速度与移动速度可以分开训练也可以组合一起训练，可以通过游戏比赛的形式提高幼儿的训练兴趣。如听口令、快速指身体部位、指八个方向练习，可以用来练习反应速度，而听口令快速起动抓球等练习则是练习反应速度与移动速度。

### 2. 小步跑、高抬腿跑、后蹬跑等专门性练习

小步跑、高抬腿跑、后蹬腿跑等跑的专门性练习是提高移动速度的较好方法。由于网球运动有很多侧向移动动作，因此也可以进行侧向小步跑、侧向进出跑、高抬腿跑、侧交叉步跑等多种跑的专门练习，这些练习可以提高幼儿的侧向跑能力与兴趣，可以结合抛接网球等进行训练。

### 3. 接力跑、追逐跑

通过接力跑与追逐跑提高幼儿的移动与反应速度，培养团结合作的精神，并提高幼儿训练兴趣。在网球移动中，不仅有向前的移动，而且有回位的移动，因此，接力跑的形式要变化多样，可以直线跑、绕障碍物跑、托球跑、拍球跑、侧身跑、后退跑等。

### 4. 10~30米计时跑

这是提高反应速度与移动速度的有效方法，通过计时可以了解幼儿速度水平，由于网球大多是快速短距离的移动，因此网球运动员反应快、移动快。据报道，英国网球运动员穆雷的移动速度达到世界领先水平。计时跑一般5~10组左右，每组有2~3分钟休息时间，可以安排几个人一组进行。

### 5. 快速跑接球或打球

教练员抛球，幼儿快速移动去接球或者打球，抛球的速度与距离要与幼儿的能力相适应，这是提高幼儿专项移动速度的有效方法。幼儿接球、打球需要保持重心的稳定，这正是网球运动员所必需的。在快速移动时保持接球、击球的准确性，对培养幼儿的空间感、节奏感等都有较好的效果。教练员要变化抛球的形式，训练幼儿各种方向的移动能力，同时要注意培养幼儿的练习兴趣，让他们比谁接得多、打得准等，树立每个人的目标。

### 6. 侧身滑步跑与交叉步跑

网球运动的最主要的移动方式就是侧身跑，教练员要特别训练幼儿的这一能力，通过反复进行侧身滑步跑与交叉步跑，提高幼儿的侧向移动速度，练习也可以结合网球的接球与击球进行这一训练。移动时，强调身体重心下降，移动频率要快。

### 7. 快速抓球

教练两个手各拿一个球，孩子听口令快速去接教练其中放下的一只球，这项练习可以提高幼儿反应速度与移动速度。

8. 听口令做动作

教练发出口令，孩子们做出正确的动作，锻炼反应速度。如教练说左手，孩子用左手去接球等，也可以练习做与口令相反的动作，如说左转，孩子右转等。

## 三、幼儿体能训练注意事项

①运动负荷与强度不能过大，重视基础体能的训练，并考虑儿童的年龄发育特征。

②内容要简单有趣，每次练习时间要短，一般几分钟就可以。

③要注意安全性，出现问题立即停止练习或者变更练习。

④幼儿力量练习尽量少做举重之类的，运动强度不可过大，不能急于求成。

⑤平衡能力与速度灵敏素质是幼儿网球体能训练的核心，要贯穿在全部网球课程当中。如准备活动垫球走平衡垫，进行计时米字跑等，要注意把速度灵敏素质与网球专项技术结合起来，不要在幼儿疲劳时进行速度训练。

⑥身体素质训练后要做充分的放松与拉伸运动，并提醒家长要为幼儿进行适当的营养补给，并保证幼儿充足的睡眠与休息时间。

# 第四章 幼儿网球技、战术教学与训练

网球基本技术是幼儿技术教学的重点，尤其是3岁以下幼儿网球技术练习要以提升球感、练习击球等技术动作教学为重点，以正反手落地球和网前击球技术为主。不要过早地对幼儿去进行高压、发球、削球完整技术教学，可以用类似挥拍或者扔球动作等去代替。由于基本技术的教材很多，本书不做详细阐述。本书更多地是从技术教学与训练方法的角度去解决家长、教练在实际教学与训练中存在的问题，重点对如何进行幼儿网球技术与体能教学与训练进行介绍。

幼儿网球适宜使用较小的网球场地，短式网球是少儿网球启蒙训练阶段的一种合理有效的过渡性手段，是针对儿童的生理特征而设计的，便于儿童快速掌握网球的基本技法。它不仅是对儿童进行网球启蒙训练的有效方法和手段，也是幼儿网球学习的必经之路。标准网球技术复杂，球速快而力量大，远远超过了幼儿的运动能力，而短式网球克服并纠正了儿童成人化训练所产生的一切弊端。短式室内网球场地小，高度低，投资少，因而可以降低网球学习成本，深受教练、家长、儿童的欢迎。

由于幼儿力量小，教练可以先进行双手反拍教学，然后进行正手落地球教学,最后进行网前截击技术教学与训练。

## 第一节 幼儿网球基本技术教学概要

### 一、1~4岁幼儿网球技术教学概要

#### (一)教学目的

培养网球兴趣;提升协调能力、平衡能力、灵敏性等身体素质;逐步掌握扔球抛接球技术;熟悉球性,增加球感;学习正反手击球基本技术、网球游戏和礼仪。

#### (二)教学内容

各种抛接球练习,各种抓球练习,原地空手模仿正反手挥拍练习,空手前挥抓固定球练习,空手挥抓教练抛的球练习,模仿正手或者双手掷软式网球练习,手持球各种侧滑步练习,手心持球手指不抓球移动练习,手拍球练习,与教练地滚球练习,扔球击打目标练习,持拍挥拍练习(1岁多点的幼儿可以空手或者手持小毛巾挥),持拍垫球或者把球放在拍上保持平衡练习,以及侧向移动抛球和接球练习,原地击球练习,准备动作与分腿垫步练习,一步移动练习,一步移动击球练习然后测滑步击球练习。

## （三）教学方法和原则

### 1. 由易到难原则

幼儿可以按照以下顺序从易到难练习抛球与接球：先用轻的呼啦圈、渔网、标志桶练习抛球，以及双手接球、单手接球；然后再增加抛球的难度，幼儿接球后先原地按照正反手动作技术要点掷出，然后跨步掷球；最后移动掷球或者用拍击球。为提高幼儿兴趣，可以采用游戏比赛的方法。

### 2. 体能教学与技术教学相结合原则

网球步法是网球技术的一部分，幼儿很小时就可以进行网球步法训练，如通过侧身跑做热身运动，或进行前后跑、往返跑等。但幼儿年纪较小时教练不要勉强让他们做完成困难的动作，要结合网球来做各种移动练习。

### 3. 示范为主与适度讲解相结合的方法

由于幼儿年纪小，教练示范很重要，只有通过不断的示范才能让孩子们明白动作要点，教练语言讲解不要太多，多手把手地进行教学指导。

### 4. 兴趣为主，技术教学为辅

在教学过程中始终要把培养网球兴趣作为重点。通过游戏、娱乐比赛的方式，以及不断激励孩子、表扬孩子的方法激发他们学习网球的兴趣，对孩子们进行语言表扬与食物奖励，建立师生感情。让孩子们喜欢上教练，教学就成功了一半。技术教学要简单明了，不可过多进行技术教学，而要把技术相关的身体素质训练等融入到游戏当中。

## 二、4~6岁幼儿网球技术教学概要

正常的4~6岁幼儿的运动能力明显提高，他们可以轻松自如地完成跑、跳、上楼梯等基本动作，因此，在这个年龄是进行网球启蒙的最佳年龄，大部分著名运动员的启蒙都在这个年龄段。网球技术教学内容比之前大幅增加，体能要求也有所提高，并增加了速度等身体素质练习。

### （一）教学目的

培养网球兴趣；熟悉球性；提高协调性、速度、灵敏性和平衡能力；学习正反手击打落地球技术；学习网前截击技术和发球技术。

### （二）教学内容

1~4岁幼儿网球训练的基本内容大都可以在4~6岁时继续练习。另外增加反应速度、移动速度、网球基本击球技术教学内容。如教练抛球，幼儿听口令转身接球，教练抛不同方向较远的球，幼儿快速移动接球；正反手原地和移动挥拍练习，正反手原地与移动击球练习等。随着幼儿水平的提高可以训练幼儿抛球的稳定性，控制球的飞行方向甚至可以适当训练球速。5~6岁有一年训练经验的幼儿一般都可以进行短网比赛了，因此还可以增加比赛战术、比赛规则、网球礼仪等教学内容。

### (三)教学过程

由三个部分组成,准备活动,基本活动阶段以及结束放松阶段。

#### 1. 准备活动

一是进行场地器材的准备。二是进行热身运动,各种慢跑、绳梯跑、变向跑、各种方向的跳等,然后进行动力性伸展练习及准备操等,也可以做一些跑跳类游戏如比赛抓球游戏等。

#### 2. 基本活动

各种接抛球练习、原地网球技术教学、移动网球击球技术教学、隔网击球练习、与教练对打练习、击打目标和深度练习、幼儿比赛练习、幼儿对打练习等。另外还有各种网球游戏和体能训练都可以在基本活动阶段进行。基本活动是课程的核心,要把课程的主要任务在基本活动阶段完成。

#### 3. 放松结束阶段

在结束前一般要进行体能练习,对这一年龄阶段的幼儿来说,可以进行接力跑、追逐跑、计时跑等,要结合网球的特点来进行体能练习。游戏结束后要进行放松和整体活动,最后进行拉伸练习和器材回收。

### (四)教学方法

除了可采用与1~4岁幼儿相同的教学方法外,这一阶段的孩子需要更加关注技术学习。当学生出现技术问题时,教练要及时纠正，每次只纠正击球动作中的大的错误，小的毛病可以忽略或者先避免了，如引拍与挥拍同时发生错误时，先解决挥拍问题，如果引拍问题严重，可以不引拍，先把拍放好再挥拍。把复杂问题简单化，是进行幼儿启蒙教学的好方法。

要明白出现错误的原因是主观原因还是客观原因，是教学方法问题还是孩子自身问题。通常孩子注意力容易分散，单调的技术教学是很容易产生注意力不集中，精力分散等问题，因此在教学与训练中要抓问题的主要方面，当孩子多次出现注意力不集中时要改变教学内容和方法，或者及时休息，不要强制性地继续训练，要给孩子消化吸收网球技术的时间，不要急于求成。要特别注意培养孩子们的兴趣，只有他们有兴趣了才会积极主动地去学习。

分组教学与统一指导相结合的方式，有时要根据孩子年龄与水平进行分组，有时又需要以水平高的带水平低的，培养孩子们的心理素质和团结互助的精神。

这一年龄段技术教学重点还是基础训练，尤其是正反手落地球基本功的练习，关键是如何形成正确的动力链，因此，网球最后挥拍发力是训练的关键。

单手正手击落地球是网球中最重要又最基本的击球技术，是体现网球基本功的最重要的技术。正手技术教学是幼儿网球技术教学的重点内容。

## 第二节　幼儿网球技术教学指南

### 一、握拍技术及教学

有关握拍的教学内容有很多，握拍的方法随着人们认识水平的提高也略有变化。本书主要介绍四种主流握拍方法（以右手握拍为例）。

拍的开始位置（图4-1），拍面垂直地面，将拍柄分为8个面，如图数字1、5分别为上面与下面，3、7分别为右面与左面，2、6为右上斜面与左下斜面，4、8分别为右下斜面与左上斜面。

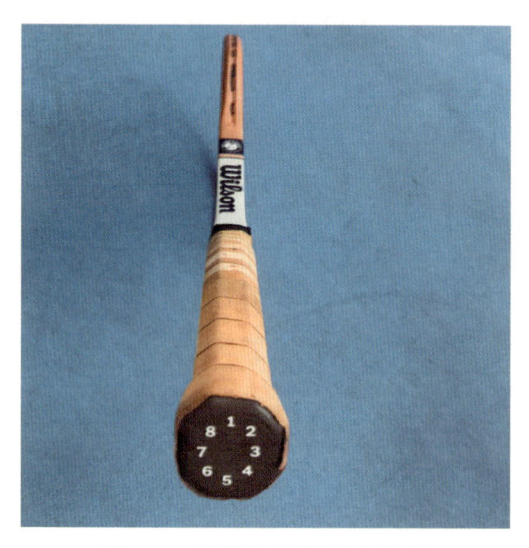

图4-1　网球拍八面数字标记图

东方式正手握拍对上肢力量要求较高，不建议在幼儿教学中使用。西方式正手握拍虎口V字正对拍柄正右面（第3面），这里重点介绍半西方式握拍击球，这是当今最流行而最有效的正手击球握拍动作，这种握拍手掌在拍柄正侧面，手位于拍柄的后部。其特点是打法灵活，力量与旋转达到很好的平衡，并且容易控制球，运用这种握拍方法击打腰或腰以下的球时拍面轻微闭合，有利于打上旋球；而打腰部以上的高度的球时，拍面垂直于地面，能较好地打出球速。其不足主要是打很低的球比较困难，由于幼儿个子矮、重心低，因此比成人更适合用这种握拍方法打低球。（表4-1）

大陆式握拍可在教幼儿截击时采用，一般不教孩子们切削、高压，已经有一定基础的幼儿当中可以适当学习大陆式握拍发球与截击。其特点是变化多、无需要换拍、手腕灵活。（表4-1）

表4-1 四种握拍方式比较

| 握拍方式 | 大陆式握拍 | 东方式正手握拍 | 半西方式握拍 | 双手反拍 |
|---|---|---|---|---|
| 动作要领 | 手掌在拍子的正上方，"拿菜刀切菜式"握拍方法或者握锤子的方法。虎口V字形对准拍柄上平面与左上斜面的交界线 | 虎口V字形对准拍柄上平面右侧与右上斜面交界的位置，手掌紧贴在垂直面。拇指第一关节扣住拍柄左垂直面。食指与中指稍分开，如扣手枪扳机状，从下面绕过来 | 虎口V字形对准拍柄右上斜面正中间的位置是当代网球击球的主流握拍，大部分运动员都采用这种握拍方式 | 多种方式 右手以大陆式握拍，左手以东方式正手握拍 右手以大陆式握拍、左手以半西方式握拍 |
| 优势 | 无需换拍，变化多 | 控球效果好，球速快而平 | 适用于上旋球，变化多，力量大 | 击球力量大，稳定性好 |
| 技术特点 | 削、切、截击、高压、发球、打低球 | 正手落地球，抽球。适合打低球、防御性球 | 正手抽球，正手落地球，适合打高球、上旋球，进攻 | 反手抽击，反手落地球 需要移动到位，脚步要求高 |
| 适合人群 | 所有运动员 | 幼儿、初学者 | 所有运动员 | 幼儿、少儿 |

59

双手反拍适合幼儿击打落地左侧球，力量大，稳定性好，不容易受伤，是理想的反手握拍方法。双手反拍一般采用关闭式站位，即最后一步向来球方向跨右脚，步幅要大，重心要低，重心从左脚转向右脚。引拍和挥拍的幅度要大，蹬腿、转体、转腰、转肩的动作要充分，收拍尽量收到右肩上，这需要击球后放松整个手臂。（表4-1）

在教单手正拍时，先教半西方式握拍击球，在需要使用其他握拍击球时才开始教其他握拍方法。

握拍教学通过示范讲解法，手把手地指导让孩子们形成正确的握拍动作，并强调握拍动作放松手指，只有在击球时握紧，在正手击球时，先双手握拍，在两手分开前都由非持拍手握拍为主，这样可以减轻正手击球手的负荷。

## 二、幼儿单手正手落地球技术教学指南

### （一）正手击落地球教学概要（右手持拍）

幼儿由于个子小，球落地后弹起的高度通常会高于幼儿的腰部，在击打腰部以上球时要高举高打，采用半西式握拍就能较大力量打出较高的落地球。根据击球的时机，正手击落地球又分三种击球方式：上升期、下降期和最高点击球，同一个球，通常上升期击球节奏快、难度大、速度快、攻击性强，而下降期击球球速较慢、难度小、攻击性弱。在教学中，幼儿先打简单的慢速的软球。先从定点球开始，如果定点球也有困难就进行正手抛球动作练习。击打正手球时，重点在基本功的训练，尤其是如何发力，如何形成正确的蹬腿、转髋、转腰、转肩和上肢随挥的动力链，因此在技术教学时多进行挥拍练习是非常必要的。可采用多

种练习方式来提高幼儿兴趣，如模仿正手动作扔飞盘、扔网球等击打目标，或者比赛远度、高度、旋转度等，把单调的挥拍变成多样的游戏练习方式，达到形成正确的动力链的效果。

正手落地球三种击球方式——平击球、上旋球，下旋球。另外还有侧旋球、侧下旋球等。击球的步骤包括：引拍，挥拍，随挥收拍。在移动中击球的步骤包括：准备姿势→分腿垫步→移动与引拍→挥拍击球→随挥→回位做准备。

平击球采用东方式正手握拍，有推球动作，击球时拍面垂直于地面，击打球的正后方。球的飞行路线平直，飞行速度快，落地弹跳低，向前冲力大。击打平击球一般采用关闭式步法，手腕固定，容易控制球，对于启蒙幼儿来说击打平击球会容易些但由于球快而平，所以容易出底线或者下网。

上旋球采用半西方式握拍（成人运动员也可以采用西方式），站位可以用多种方式。幼儿由于力量小，不能过多打上旋球，提示经常出界的学生，可以适当摩擦球，加强旋转。上旋球主要是从下向上向前挥拍。有很多资料说上旋球采用开放式站位是不准确的。无论哪种站位击球都可以打出上旋球。实际上在网球场上打球时，最后站位是根据来球与自己击球目的而变化的。而握拍方式是稳定的，同样是正手落地击球时，不会因为一会儿关闭式站位，一会儿开放式站位而改变正手握拍方式。在实际教学当中，当幼儿经常打平击球失误时，就要及时地进行上旋球的教学，如果幼儿平击球效果较好，就不要急于教上旋球，等幼儿熟练掌握平击球后再进行上旋球教学。

下旋球采用大陆式握拍方式，从上向前向下挥拍最后再向上挥拍击球的方法。幼儿网球一般不要急于教落地下旋球，本书不做详述。截击、放小球等都是用这种击球方式。另外还有侧旋球等。

另外正手击球的站位也是多样的，其中对于幼儿启蒙来说，关闭式击球是理想的击球技术，另外开放式、半开放式站位都是正手击球的基本站位，掌握关闭式技术后开始学习其他击球站位。

正手关闭式抽击球（包括中间式）是指左脚在前，右脚在后，击球时重心从右脚向前移到左脚，通过蹬腿、转髋、转腰、转肩，向前向上挥拍。其特点是挥拍距离长、击球稳定、容易控制球、球向前速度较快，这种击球是其他击球的基础，因此适合幼儿练习。

正手开放式抽击球是指两脚左右开立面向来球，击球触球时重心在右脚，通过蹬腿、转髋、转腰与转肩，向前向上挥拍。这是现代最主流的击球方式，其主要特点是移动速度快、移动步数少、回位快，击球速度快且击球隐秘性高等，因此特别适合有一定水平的运动员使用。作为一种主流技术，当幼儿熟练掌握中间式（关闭式）击球时就应该学习开放式击球。在实际比赛中，这两种技术都会经常采用。另外还有半开放式站位，这是左脚在斜前方的站位击球方式。

无论哪种站位都可以打出上旋、平击与下旋等效果的球。反手击球也可以采用这三种击球方式击球，这里不一一介绍了。在此对正手上旋击球进行解析。（图4-2）

① ② ③

图4-2-①是准备姿势，两脚开立比肩略宽，上体正直稍向前倾，重心在前脚掌上，含胸收肩，下颌微收。双手持拍于体前，与腰同高并保持肘关节微屈，拍头高于手腕，两手放松，目视前方，注意力高度集中，当对方开始挥拍击球时做分腿垫步。

图4-2-②是引拍到最大时的动作，可以看出采用了半西方式站位，身体侧对来球，重心大部分在右脚上。两脚距离宽于肩膀，双膝弯曲，左手向右斜前方伸出，略低于肩或者与肩同高，右手向右后方伸出，右手手臂伸直基本与地面平行，拍头指向右后上方，两眼通过左肩上方紧盯来球。这个动作有利于维持身体平衡，并为最后用力做准备。

图4-2-③是挥拍击球的降拍头动作，拍头略低于来球，右手握拍柄指向来球并向来球方向挥出。左手肘关节弯曲并左转，带动左肩迅速左转，有利于加速转体，提高挥拍速度，同时重心前移至左脚。

图4-2-④、图4-2-⑤是击球后的随挥动作，身体继续左转，重心在左脚上，目视前方，左手收于左腹前，右手收于左肩上，身体保持平衡，为快速移动做准备。

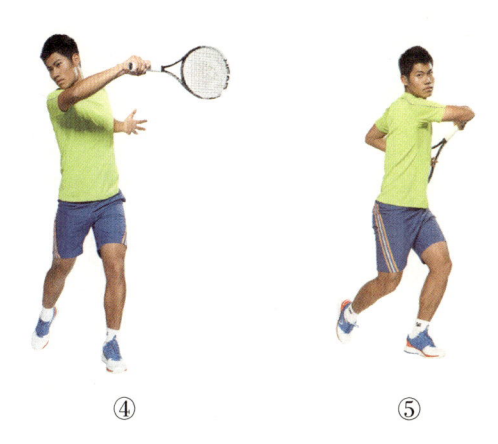

④　　　　　⑤

图4-2　正手上旋击球示范图解

## （二）教学要点与步骤（以关闭式为例）

①原地侧向站位徒手做动作。教练带领孩子们一起做这个动作，先不用持拍，尤其是1~4岁的幼儿。

②原地侧向扔泡沫球或者软飞盘。要以游戏或者比赛等方式进行教学，不要扔硬球，要控制好运动量。

③原地侧向扔过渡网球练习。这一练习有助于幼儿正手网球发力技术的提高。

④跨一步侧向扔球或者飞盘练习。这一练习是移动与击球动作的衔接，为移动击球打下良好的基础。

⑤两人一组互相扔接软球。培养孩子们的空间感、节奏感。

⑥侧向滑步扔球练习。这一练习有助于侧滑步移动与击球动作的融合。

⑦原地侧向挥拍练习。这一练习是正手击球的基础，通过反复练习形成正确的动力定型。

⑧原地侧向击定点软球练习。这一练习有助于培养击球感，锻炼击球发力动作。

⑨原地跨一步击打定点软球练习。这一练习是移动与击球衔接练习。

⑩原地跨一步击打来球练习。根据来球位置确定跨步的大小和方向，有利于幼儿掌握球感与节奏，提高对球的位置判断能力。

⑪准备姿势与分腿垫步练习。这一练习是网球的基本功练习，要根据孩子们的水平来指导分腿垫步，先学习准备姿势与分腿垫步动作，再结合抛球来练习。教练每次抛球时，要求孩子们从准备姿势开始做分腿垫步，训练重点是把握好分腿垫步的时机。

⑫分腿垫步接侧跨一步击球练习。先抛稳定的定点球然后再变化球的位置。

⑬分腿垫步接侧滑步击球练习。这是正手移动的完整练习，幼儿掌握后可以进行跑动接侧滑步击球练习。

⑭隔网送稳定的球。教练隔网送慢速稳定的软球到幼儿前方，幼儿向前滑步接球。

⑮隔网送变化的球。幼儿移动中击球，提高移动中击球能力。

⑯分腿垫步接交叉步步法练习。

⑰持拍准备姿势接分腿垫步，接交叉步引拍练习。

⑱交叉步移动击球练习。

⑲教练与幼儿对打，尽可能多地打回合。

⑳学习开放式与半开放式站位正手击球。

㉑幼儿对打或者比赛。

## （三）幼儿正手击球常见的错误与纠正方法

①击球点不对。击球点太前或者太后会造成击球失误，幼儿要尽量在适当高度（一般腰高）和位置击球。

②击球引拍过大。会影响击球节奏，可能会导致击球太晚。反复练习缩小引拍动作，或者靠墙练习引拍动作，拍子不能碰到墙。

③击球经常下网或出界。击球时拍面关闭过多或打开过大，握拍动作不对，手腕变化太大或者没有击打到甜点等。可以通过反复挥拍固定动作、向前向上推击球纠正动作，必要时使用手腕固定器固定手腕动作。

④重心太高，发力前准备姿势不对，导致击球无力。反复练习降低重心的准备姿势，在击球时膝盖弯曲，两脚分开宽于两肩。

⑤重心不稳定，没有转体。击球点晚是造成不容易转体的一个重要原因，另外重心高、两脚距离太近、左手没有伸展等都可能引起重心不稳定。平衡能力差，核心力量不足也会引起转体不

够。多进行平衡练习与挥拍练习。

⑥左手没有抬起来指向右侧，左肩没有转。强调双手一起引拍，把左手抬高带动左肩转动，并反复练习这一动作。

⑦挥拍结束时经常两手交叉。主要原因是挥拍时左手与左肩没有转动，从而导致两肩向身体中间靠拢，两手在体前交叉。教练要指导幼儿左手靠近身体带动左肩向左旋转。

⑧面向球网击球，击球无力。左手向后推，网球拍向后引拍，引拍时左肩左髋向右转，让左肩对来球，然后迅速左转挥拍击球。

⑨头部不稳定，击球时身体向左侧斜，甚至会摔倒。双肩不平衡，击球向前时右脚向左前侧倒，应该调整双肩到基本水平，结束时右脚向右前方跨出。

⑩伸手向下去捞球。膝盖弯曲降拍头，向前向上挥拍击球，发力时重心向前移动，上体左转引拍，挥拍时身体右转。

⑪击球时重心向后倒，重心没有向前转移。击球点偏了，应该强调击球点的位置。上体转体不充分，上体肩背肌、胸肌、腰腹肌向前发力不足而引起的错误，应该击球时上体向前移动并转动，反复练习正确的击球动作，并通过定点多球训练将击球点固定在身体右前方，必要时要进行相关力量训练。

⑫击球时动作僵硬，耸肩等。强调放松，尤其是持拍时，手部要放松，只有击球时抓紧拍子，多做放松挥拍练习。

## 三、幼儿双手反拍击落地球

双手反拍是幼儿反手击球的最主要方式，由于幼儿力量小，容易受伤，因此，幼儿用双手反拍击球来击打反手球比较理想。双手反拍击球稳定性好，力量大，能打出上旋球，而且动作简单，容易上手，不易受伤。

## (一)双手反拍击落地球技术分析

### 1. 握拍

双手反拍握拍主要有三种方式,目前最主流的双手反拍握拍是大陆式+半西方式组合握拍方法,即右手大陆式握拍,反手半西方式握拍的组合握拍方法。

### 2. 双手反拍

**(1)准备姿势(图4-3-①)**

两脚开立比肩略宽,上体正直稍向前倾,重心在前脚掌上,含胸收肩,下巴微收;双手持拍于体前,双手在腰高并保持肘关节微曲,拍头高于手腕;两手放松,眼盯前方,注意力高度集中,做好分腿垫步的准备动作。

**(2)转体引拍(图4-3-②)**

做好准备姿势后,对方挥拍时做分腿垫步。当判断来球在左侧准备用双反击球时,分腿垫步落地,左脚先落地且重心落在左脚上,然后向击球方向移动,一般在击球前倒数第三步时已经开始引拍了,引拍时侧对来球,上体左转;在倒数第二步时继续转体引拍,此时拍头高于手腕,眼光经由肩膀紧盯来球,此时重心主要在左脚上,左脚站稳准备最后发力。

**(3)跨步降拍头(图4-3-③)**

右脚开始抬起,准备向击球方向跨步;右脚跨出重心前移,此时已经判断好击球的位置,拍头略低于击球点,准备迎击来球,右手伸直放松,左手微屈,两眼紧盯来球。

## (4) 向前向上挥拍（图4-3-④）

右脚向前跨步，重心继续前移到右脚，左脚发力蹬地，依次转髋、转腰、转肩带动整个身体右转，向前、向上挥拍，打出强有力的上旋球。理想的击球点高度为腰高，左右距离是一拍，位置在身体重心前方约30厘米，幼儿的位置选择可以略近点。

## (5) 随挥收拍（图4-3-⑤）

击球后的随挥收拍与回位动作，重心移至右脚，收左脚准备回位。

①准备姿势　②转体引拍　③跨步降拍头

④向前向上挥拍　⑤随挥收拍

图4-3　幼儿双手反拍击球

## （二）幼儿双手反拍击球的教学要点与步骤

①双手反拍握拍教学。教练通过讲解示范法，手把手教幼儿双手握拍方法。

②拍头低于手腕关闭式挥拍练习。要点是蹬腿转髋，转腰转肩。教学方法：教师在前面带领幼儿一起练习挥拍，并及时纠正动作。

③定点击球练习。在拍头低于手腕关闭式挥拍练习的基础上进行定点击球练习。抛球反弹最高点在腰高，要点是在最高点击球，击球时蹬腿转体重心前移。击球点稳定，从下向前向上挥拍。

④分腿垫步双手反拍引拍练习。要点是分腿垫步后左脚先着地，侧身转体引拍。

⑤分腿垫步接跨右脚成关闭式引拍挥拍练习和击球练习。要点是跨右脚时向后引拍，重心前移时向前转体挥拍。

⑥三步滑步练习和滑步击球练习。第一步，移动时要侧向滑步，移动方向要正确；第二步要站稳并引好拍准备击球；第三步，判断好来球击球点，跨出击球，跨出时重心前移，转体击球。

⑦抛变化的球至球员左侧，移动击球练习。要点是判断好球的位置，移动到位，采用三步滑步的动作来击球。

⑧隔网送稳定的球至左侧，移动击球练习。

⑨结合正手击球的组合练习。变换握拍要及时，移动要迅速，击球要稳定。

⑩击打目标与线路。如直线深球、斜线球等。

⑪学习开放式双手反拍击球技术。

## （三）双手反拍击球常见错误与纠正方法

### 1. 常见错误

双手反拍相对简单，两手相对固定，因此错误相对比正手少。其主要错误如下：

①双手反拍引拍太小，引拍时转体不够，两手向后伸展不够。

②引拍动作太晚，导致击球时准备不充分，击球点晚。

③挥拍时蹬腿、转髋、转腰不够，挥拍路线太短，拍没有收到右肩上。

④击球时头部在移动，导致击球时重心不稳定，击球点不准确。

⑤双手反拍击球时重心前移不够，身体向后倒，导致击球不稳定。

⑥双手反拍击球时手腕发力过多，导致拍面不稳定，失误较多。

⑦移动不到位，脚步过早站定，导致击球点不稳定。

⑧双手反拍时降拍头不够或者过大，导致挥拍路线不稳定，从而导致失误较多。

⑨击球时拍面打开了，导致击球时与球向上的摩擦不够，不能打出上旋球，导致球容易出界或者太高，击球无力。

⑩握拍不正确，拍面不稳定，导致下网或出界。

### 2. 纠正方法

主要采用示范讲解与多球训练法，针对错误及时纠正，不能形成错误的动作定型。教练员要反复强化幼儿正确的动作，通过挥拍和定点击球方式巩固双手反拍击球技术，要注意提高幼儿的兴趣，如可以设置击打目标和完成任务目标及与其他幼儿比赛的方式提高他们的兴趣。

## 四、幼儿网前截击

根据截击者击球时所在的位置可以分为网前截击和中场截击，而网球一般在后场时不使用截击技术去击球。

网前截击是截击时站在离网比较近的位置时进行的截击，通常较小的幼儿不建议过早练习网前技术，应该在掌握了比较扎实的底线球基本功后再开始训练网前技术。网前截击有关闭式、半开放式和开放式。幼儿教学主要学习关闭式网前截击技术，然后再考虑学习其他截击技术（下面以关闭式截击为例）。

### （一）关闭式网前截击基本技术要点

采用大陆式握拍，两手微屈保持拍头向上，拍头高度不要超过鼻子高度，准备姿势开始，当对方挥拍击球瞬间分腿垫步，当确定来球方向时双手持拍转体，然后交叉步跨出一大步向前挥拍击球，同时重心前移，截击时根据来球的位置打开拍面，球越低拍面打开越大。

根据截击者击球时的高低可分为高位、中位、低位截击，一般情况下，正手高位截击能打出较大的角度与较高的球速，往往能直接得分，而低位截击很难进攻，一般尽量把球打深，打向对手的弱侧位如反手位。由于幼儿个子较小，重心低，很多球对于幼儿身高来说都是高位截击了。如果使用的是儿童球网或者不使用网进行训练，儿童也能打出进攻性截击球。

截击技术又包括正手截击（图4-4）与反手截击（图4-5）。

幼儿网球入门与发展探索

① ② ③

图4-4 正手截击

① ② ③

图4-5 反手截击

正手截击引拍时，重心在右腿上，身体右转引拍，引拍动作要小，一般手不向后拉，而是向右侧拉拍。判断好来球时跨左脚向来球方向挥拍击球，击球前左右手分开，并同时向前向左挥，挥拍动作要小，一般收拍于身体正中即可。

反手截击引拍时时重心在左脚上，身体左转侧对来球，双手持拍紧盯来球，判断好击球时机后，跨右脚成交叉步，同时两手分开并向相反方向移动，即正手向右前挥拍，反手向左后移动以保持平衡图。

### （二）截击教学步骤

正反手截击挥拍动作→独手练习分腿垫步接交叉步→教练带领下统一练习基本截击动作→交叉步接抛来的球然后轻送这个球

72

→隔网练习截击技术。如果隔网完整截击技术困难，可以练习先引拍教练抛球再跨步的截击动作。

### （三）幼儿网前截击常见错误

引拍与挥拍动作大、手腕不固定、拍面不正确、重心前移不够、击球无力、或者侧身不够、面对来球击球、脚步错误等。

## 五、幼儿与少儿发球技术教学（右手持拍）

由于幼儿个子小、力量小，一般只学习正反手击球就可以，但有些幼儿启蒙早，每天训练时间长，在5岁左右就基本掌握了正反手击球技术，那么就可以学习发球技术了。本节不仅适合幼儿与少儿技术教学，也适合成人发球教学。

发球技术是一项非常重要的技术，分为上手发球和下手发球。上手发球难度大、力量大、速度快，下手发球变化多但球速慢，容易受到攻击，因此，在正规比赛中很少有人使用这种发球方式。但初学者或者幼儿没有掌握上手发球技术，使用下手发球的情况并不少见。下手发球具有较为稳定、简单易学等优势。由于幼儿个子太小，发上手球时不可能发出很快的平击球，练习上手发球是为了打好发球基础，因此，要重点练习发球的基本技术。

上手发球又有平击球、上旋发球、带切的侧旋发球以及侧上旋发球。在教幼儿上手发球时，应该以教上旋发球为主，这样成功率比较高，同时也要学习平击发球。根据运动员的习惯又可以分为上步发球和原地发球，上步发球是抛球后右脚向前上步到左脚旁，两脚基本靠拢的发球方式；原地发球是两脚基本不动的发球方式。

## （一）平击发球

平击发球是指击球力量作用线穿过球心，球不产生旋转的击球方式。其特点是速度快、水平冲击力大，但容易失误。个子高的人从上往下平击发球击球速度更快，给对方压力更大。幼儿由于身高问题，站在底线采用上手平击发球不可能过标准网球网，因此可采用站在高台上做平击发球动作或者站在网前做平击发球动作。

### 1. 动作要点（以1区上步发球为例）

**（1）握拍方法**

采用大陆式握拍方法，发球握拍要注意手指和整个手臂都是放松状态。采用大陆式握拍发球的优点是手腕灵活，能够扣手腕动作，从而能提升击球速度和包裹性。这种握拍方法能做搔背动作，能发出平击、上旋、侧旋及侧上旋球，如果采用其它握拍方法，拍柄底部会顶住自己的手腕，这样就会影响手腕发力，从而影响击球效果。（图4-6-①）

**（2）准备姿势**

侧身站位，两脚分开与肩同宽，左脚在前，右脚在后。左脚与底线成45°左右或者对准右侧网柱，右脚与底线平衡或者脚尖对右斜后方；重心移至左脚，左手手指持球放于拍子靠近拍颈位置，右手持拍，两手伸直放松，身体中正而放松，眼看球，准备抛球引拍。（图4-6-②）

**（3）抛球引拍**

抛球在发球中占有非常重要的位置，抛球质量好，才容易发出高质量的球。抛球前先在地上用拍子拍几下网球，再站好位用左手拍几下网球。拍球时思考一下如何发球和组织战术。准备抛球时先移动重心向前在左脚上，然后重心向后移动开始抛球。左手向上抛球，右手以肩为轴开始向下、向后摆动（另外还有直拉式向上引拍），随后臀部、腰部右转。抛球从左手微屈开始，向右前上方伸出，此时左手伸直。注意抛球是采用手臂的惯性，而不是用手腕和手指的力量，当球到达腰高时左手根据需要稍加快向上托送球的速度，以保证合适的抛球高度，当球到达眼睛高度时球开始离开手，此时右手继续向后引拍，右脚开始向前上步与左脚并拢（也可以不上右脚）。（图4-6-③）

抛球的位置在身体右前方，高度根据个人身高和击球方式等因素来确定，如弹跳高的人跳起击球时就需要把网球抛高点，个子高、手臂长的人也需要把球抛高点，一般我们推荐初学者抛球的最高点与击球点相差30厘米左右比较容易击球。抛球高度过高，上步等待击球时间过长，下肢肌肉就失去了爆发力，从而影响击球速度；抛球高度过低，上步引拍准备动作不充分或者不流畅，从而影响击球效果。另外抛球与引拍同时进行，但抛球动作先完成，抛球结束后继续引拍到奖杯姿势（图4-6-④），等抛球到最高点时开始做最后击球动作。

**（4）上步转体**

这是网球发球击球前的发力动作，在抛球后右腿向前跨步发力就已经开始了，抛球后左手向上伸直指向球，一方面可以维持平衡，另一方面有助于更好地确定球的位置，也可以是为后面加速挥拍做准备。右手前臂和上臂折叠90°左右，拍头向上，右肩下降到右上臂与左手及双肩成一直线，并指向球的方向。同时，双腿下蹬，髋、腰、背成右转状态，胸部扩展，有利于全身发力。两眼紧盯网球，当确定击球点后迅速蹬腿、转髋、转腰、转肩向挥拍方向发力。（图4-6-④）

### （5）跳起击球

当确定击球时，双腿下蹬，膝盖弯曲然后迅速向上跳起，蹬腿、转髋、转腰、转肩抬肘、拍头向背部挂下做挠背动作，此时应做出背弓动作，然后拍框指向网球方向（即拍面垂直于网球）向前、向上挥拍，当快击球时迅速向内扣腕击打球的正后方。（图4-6-⑤）

### （6）结束动作

击球后左脚向前单脚落地，上体向前倾，后脚后抬以维持身体平衡，为快速回位做准备。右手臂肩关节内收带动拍子向左收拍，眼盯前方，然后迅速向目标方向移动。（图4-6-⑥）

①握拍　　②准备姿势　　③抛球引拍

④上步转体　　⑤跳起击球　　⑥结束动作

图4-6　平击发球图解

## 2. 平击发球常见错误

### （1）发球太急，没有做好充分的准备

发球是一分的开始，发球时要充分考虑这一分如何组织，如何发球自己会主动控制这一分。尤其是成年男子的一发，由于速度快，发球好的运动员常常占有优势。排名世界第一的德约科维奇每次发球前都要多次拍球，但他常常会因为这一动作而超时甚至被罚分，可见这一动作对他非常重要。他不单单是在拍球，而是在思考这一分的打法，同时也在调整自己的状态与比赛节奏。因此，要教育孩子们发球时要冷静思考，做好心理战术准备，采取什么方式完成这一分，是组织进攻还是攻守兼备、防守反击等。

### （2）发球成功率低

由于个子小，幼儿发球相对较难，平击球失误概率高。因此可站在高台上进行发球练习或者降低网的高度。另外导致幼儿发球失误率高的原因是技术问题，如抛球不正确、击球点不准确，过度追求发球的角度、速度，没有完整的动力链等，要针对发球失误的原因进行纠正。

### （3）发球无力

幼儿发球球速不能与成人相比，球速慢是正常的，只要发出的球与其正手打出的球相比不慢就可以。发球无力的原因很多，挥拍的连贯性与速度、击球的准确性、抛球的位置与高度等都会影响击球效果，其中最主要的原因是发球的动力链与放松鞭打动作。因此，要针对存在的问题加以纠正。

## （二）上手上旋发球

上手上旋发球是从下向上快速刷球的左后下部的发球方法，其特点是速度较慢、落地反弹高、旋转大、球的抛物线高而短，因而可以减少失误风险，同时，由于旋转落地而产生了较大的转动力，因而变化多，接发球者不容易进攻。特别是接发球者身材不高，弹跳力不好时，很难接弹跳高而方向又多变的球。如果对方个子高，弹跳力好就有被对方高举高打快速进攻的风险。

### 1. 与平击发球的主要差别

上旋发球与平击发球握拍、站位、发力顺序基本一致，其主要差别如下：

**（1）抛球的位置不同**

上旋发球向后、向左抛球，球抛在左耳垂直上方，而平击发球球抛在右前方离前脚左侧约20厘米处。

**（2）背弓方向不同**

上旋发球做背弓更多的是面向右侧，而平击发球是面向前方。

**（3）挥拍方向不同**

上旋发球是从左下向右上挥拍，而平击发球是向上、向前、向下、向右挥拍。

**（4）击球点不同**

上旋发球击球点比平击发球击球点靠后、靠左，平击发球的击球点为球的正后方，上旋发球从球的后下方到后上方击球。

### （5）发力方向不同

平击发球向左转体比上旋发球更多，向前发力较多，前臂内旋幅度更大，发球结束后身体转向前方，而上旋发球击球时身体更面向侧面，蹬腿、转腰、转肩、摔小臂更多的是向右侧方向发力，击球结束时身体仍侧对球网。

上旋发球一般用于第二发，在第二发时要注意不要着急，一发失误后要观察对手的位置，看看是否站位靠前了，从而确定对手是否有进攻意图。另外要观察对手接二发的习惯从而决定二发的打法。

### 2.上手上旋发球容易犯的错误

上旋发球一般用于二发，由于幼儿个子矮、力量小，采用上旋发球效果更好。上旋发球的主要问题是上旋转速不够、落点太浅、球速较慢。上旋发球不仅不减力，而且增加了旋转的力量，只是发力的方式与平击有差别。上旋发球球速慢，但力量不小，对接发球者的冲击可能更大，更难控制。

上旋发球如果力量不够，其主要原因是发球减力了，向上刷球不够，抛球位置靠前造成刷球太薄，或者发球动作不连贯等，尤其是挂拍头鞭打动作比较容易出现问题，教练要针对存在的问题加以纠正。

## （三）幼儿网球发球教学步骤

### 1.学习抛球

网球发球抛球技术是一项非常重要的技术，抛球好，将有利于提高发球的速度、旋转及落点,从而提高发球的质量。学习抛球,先教幼儿如何持球,下图是三种持球方法(图4-7)。

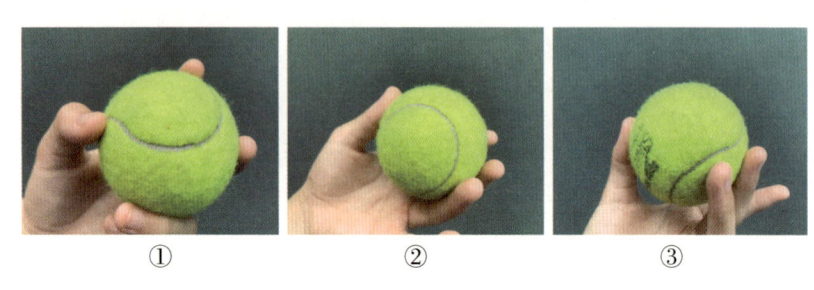

① ② ③

**图4-7 发球抛球三种持球方法**

初学者学习第一种持球方法比较好,因为这种方法手指不容易向上勾,球不会太多旋转也不容易改变方向,比较容易控制(图4-7-①);另外两种持球方法手指灵活,抛出的球容易旋转和变向,幼儿不容易掌握(图4-7-②)。

练习方法:在身体前方画一个直径30厘米的圆(或者放一个差不多大小的圆圈),然后让幼儿左手持球伸直(或者微屈),并放松手臂,依次向圆圈内放球。放球时身体要侧向圆圈。当幼儿熟练掌握放球后,再学习向上轻抛球,做完整的抛球动作,最后结合引拍做这一抛球动作。以从简单到复杂的顺序进行练习。在教抛球时可采用游戏比赛的方式进行,比如看谁抛球或者放球准确;也可以分组进行抛球接力比赛等,如画多个小圆圈,幼儿依次放球进入这些小圆圈;也可以在圆圈里再画圈标记得分位置,如放到正中间得5分,放在边上得1分,放在外面得0分等,就好像射击打靶一样,看谁放得快、放得准,把单调的抛球变成有趣的游戏,从而提高幼儿兴趣。

**2. 学习掷球**

幼儿网球发球以学技术为主,掷垒球的方法是比较好的教学方法。先徒手练习掷球的手臂动作，然后持球练习，再模仿发球的动作做掷球练习。教练要多示范，手把手进行教学。掷球要做好充分的准备活动，而且要用软球，以免受伤。

### 3. 学习扣腕

手腕的扣腕动作是发球的重要环节，先徒手做扣腕动作，注意只做扣腕；然后拿球做扣腕动作，再与掷球动作连贯起来，做掷球扣腕动作；最后对准目标掷球扣腕。

### 4. 学习引拍

幼儿应学习直拉式引拍，这种引拍方式简单易学效果好，越来越多的优秀运动员采用这种引拍方法。其引拍方法是抛球的同时，右手以肩为轴，向右、向后直接拉拍，胸部打开，肘关节向后顶，最后成奖杯状。引拍教学方法有示范法、纠正错误法、讲解法等，另外也可观看李娜等明星的发球视频来学习正确的引拍动作。

### 5. 学习站位及近网掷球

发球站位与球的落点有重要关系，站位靠外侧容易发外角球，站位靠内侧则容易发内角球与追身球。另外站位的方法一般是左脚在前，脚尖正对右侧网柱。有两种站位方法，一种是两脚并拢站位法，即抛球后右脚向左脚靠拢做奖杯姿势；另一种是两脚分开与肩同宽的站位方法。幼儿网球教学一般选择两脚分开的站位方法，这种方法比较简单易学，适合年龄较小的孩子们学习。

幼儿站位不要站在底线，站在发球线即可。为了更加直观地教学，教练可以在地上标出脚的位置，让幼儿脚踩准位置，然后进行掷球练习。掷球时手臂放松，重点是挠背动作，每个球都要在背后开始，向上、向前掷出。可以采用游戏比赛法提高幼儿掷球兴趣。如先比掷球远度，再比掷球落点。如在发球线内画三个落点，让孩子们向目标掷球，看谁击打目标准。

### 6. 学习抛球与引拍配合

抛球和引拍是同时进行的，抛球时手臂微屈，先慢后快，手指不要拨球，自然松开，借向前送胯重心前移的力量，将球向前、向上送出。这样抛出的球稳定而且可以达到所需要的高度，球基本不产生旋转。学习抛球引拍时，要注意两手的配合，抛球不可过早、过高，引拍动作在球处于最高点时引拍完成，随后准备击球。教练多做示范，多带领孩子们一起练习，让孩子们逐步掌握抛球与引拍技术。

### 7. 学习奖杯姿势

引拍结束后准备击球的动作，此动作就像即将发出的弹弓一样蓄势待发，全身肌肉贮存了充足的弹性势能，为发出快速球做好准备。教学时教练可反复示范带领孩子们一起练习，并讲解费德勒、德约科维奇等球星的发球视频，让孩子们直观地看到发球动作，从而更好地掌握发球的动作要领。

### 8. 学习挂拍头

搔背动作对网球加速拍头有重要意义。发球是网球中唯一由自己掌握和控制的技术，可以充分发挥人体最大优势进行发力，网球向背部挂拍头技术加大的挥拍距离，有利于获得更大的击球力量。学习挂拍头技术先学习徒手扔球，再学习持拍挂拍头技术，最后结合球做挂拍头击球技术。可以先正面挂拍头击球，再做完整技术。采用教师领做法、纠正错误法、反复练习挂拍头技术的方法进行教学。

### 9. 学习前臂内旋与手腕扣球相结合的技术

网球发球的前臂内旋与扣腕是一项非常重要的技术，是整个发球击球用力的最后阶段，通过蹬腿、转髋、转腰、转肩等动作快速将力量传达到手臂，然后前臂必须快速做出内旋，这一旋转加速力量快速传达到手腕，通过手腕的扣腕进一步加速拍头，从而产生更大的加速度，另外扣腕动作又能防止发球出界。

其教学步骤是：讲解运动要领→徒手示范动作→大陆式握拍至拍柄前端，做内旋扣腕→抛球后前臂内旋扣腕击球练习→做好奖杯姿势挂拍头→内旋击球扣球练习。

**教学方法**：采用示范讲解法、录像与明星动作对比法、游戏比赛法等。如扣球反弹高度比赛、两人隔网互相扣球比赛等。

### 10. 完整发球

学习完整发球，可采用站在发球线或者更前面，也可使用低网练习，或者让幼儿站在高处向低处发球，这样可以弥补身高与力量的不足。提高击球命中率，从而增加幼儿发球的信心。

**教学方法**：教练多做示范，多给学生观看发球视频，多采用游戏比赛的方法，也可以采用一个人发球，一个人接球进行计分的方法等提高幼儿的兴趣。

发球技术是一项比较难而又非常重要的技术，力量大、身材高的运动员往往能发出时速超过200公里/小时的球，好的发球能够控制比赛的节奏，让自己获得主动权，尤其是一发前三拍更是如此，但发球的旋转与落点也非常重要，费德勒的发球速度尽管不是最快的，但其发球的精确性、变化的多样性常常让对手应接不暇。费德勒职业生涯一发得分率是78%，二发得分率高达60%，在世界排名中居前3位。因此对于幼儿来说，练习发球的旋转与落点更加重要，过多地强调发球速度可能会受伤。在练习发球中，孩子一旦不舒服就应该停止，或者采用更合适的方式进行练习，防止肌肉受伤。上手发球主要重在技术教学上。由于幼儿个子小、力量小、容易受伤等特点，重点学习动作技术结构，幼儿上手发球一次性练习不可过多，一般一次性练习不要超过50个球。

### （四）下手上旋发球

网球的下手上旋发球和正手抽击球一样从下向前、向上挥拍。比底线击球增加更多的旋转以保证球落在发球区内。有高发球与低发球两种。

高发球是指发出的球的抛物线较高，球的弹跳高而速度慢，因此高发球要高而深并且转速快，这样的球不容易下网，而且容易落到击球区内，如果球的落点浅就容易受到攻击。

低发球是指发出的球的飞行轨迹低而平，速度快，挥拍的方向以向前为主，同时增加向上的旋转速度。相比于高发球稳定性较差，容易失误，但教练员仍要要求幼儿多使用低发球技术。

下手上旋发球动作比较简单，但对于幼儿来说，要保证发球的球速与稳定性还是有一定难度。要通过多练习提高稳定性，在此基础上再要求幼儿提高球速。

#### 1. 准备与站位

身体面向边线，侧身站位，两脚分开与肩同宽，左脚在前，右脚在后，左脚靠近短网底线（不踩线）。

#### 2. 握拍与引拍

采用半西方式握拍，右手持拍，向后引拍并降拍头，使拍头低于手腕。

### 3. 放球盯球

左手持球于右斜前方，左手略高于腰，专注于手中的球并想好发球的落点与回球策略，然后左手放球，双眼紧盯球。

### 4. 挥拍击球

下手发上旋球，挥拍时如同下手抽击球，只是注意控制击球落点与球速。当左手放球时，迅速蹬腿、转髋、转腰，从下向上迅速刷球的后上方。下手发球要注意变化发球位置，训练时要进行内角发球、外角发球和追身发球三种不同的方向练习，同时要注意深度的变化，发外角时可以训练大角度的发球。

训练下手发球，不仅可以提高发球水平，而且可以提高击球水平和击球的稳定性。

## （五）下手侧下旋发球

### 1. 正手右侧下旋发球

右侧下旋发球如同正手侧下旋球一样，击球时拍面打开，从右上向左下挥拍，使球向右快速旋转。球落地比上旋球低。球落地后迅速向对方左手方向变向运动。由于从右向左挥拍，身体能快速转动，加快拍头的速度，使拍面与球产生有力的摩擦，通常会产生较大的变向，给接发球者带来较大的压力。因此，这种发球在大型比赛中也会出现。

幼儿学习这种发球是非常必要的，一方面幼儿个子小、力量小，采用上手发球速度不一定很快；另一方面这种变向球对方也不容易接发球。而学习这种发球，对提高幼儿正手截击与削球也都会有帮助。

正手右侧下旋发球动作要点：

### （1）握拍、准备与站位

发下旋球一般采用大陆式握拍。发球时侧身对着场地，右脚在左脚中后侧。下手发球时双脚开立，两脚与肩同宽或略宽于肩。单打发球站位一般是在离中线1米左右的位置，双打一般站在中线与双打边线中间位置，这样可以有效地照顾到整个场地。

### （2）抛球

左手持球略高于腹前，轻轻将球抛起，抛球要低，高度通常在比腰略高10厘米左右，身体正前方或者右前方离身体约一手臂的距离。因幼儿身高而异，总的原则是抛在自己比较容易击球的位置。

### （3）引拍

在抛球时，身体右转，整个右手臂加速向右后引拍，引拍幅度可以根据战术调整。如果想加速可以加大引拍幅度；如果想加快节奏，使对方出其不意，可以小幅度引拍。重心略向右移，膝盖弯曲，骶髂关节放松下沉，此时拍头高于手腕，拍面稍打开，手臂、手指放松，准备击球。

### （4）挥拍击球

紧盯网球，当球抛出后迅速做好引拍动作（幼儿也可提前引好拍），然后迅速蹬腿、转髋、转腰，身体重心迅速左移，带动拍头从上向下，从右向左并向前快速完成击球。击球部位在球的右后下方，使球产生右侧下旋，击球时手腕放松并随手臂外旋，使拍面与球充分接触从而产生更高速的旋转。

### （5）随挥回位

击球后前臂与手腕向外，左手快速参与接拍减少持拍手的压力，重心迅速回到两腿之间做好准备姿势，准备下一次击球。

### 2. 反手左侧下旋发球

反手左侧下旋发球与正手右侧下旋发球相反，如同左手侧下旋球一样，击球时拍面打开，从左上向右下挥拍，使球向左下快速旋转。球落地后迅速向对方右手方向变向运动。球落地反弹比上旋球低，由于从左上向右下的挥拍，身体能快速转动并利用向下的力量加快拍头的速度，使拍面与球产生较大的摩擦力，给接发球者带来较大的压力。这种发球与右侧下旋球相比，准备时间更长，节奏较慢，落地后向对方的正手方向变向，容易遭到对方正手的攻击。

幼儿学习这种发球也是非常必要的，但要先学会正手上旋发球、正手侧旋发球后再进行这种发球教学。学习这种发球可以与正手下旋发球结合使用，干扰对方提前做好进攻准备，从而增加对手进攻的难度。另外学习这种发球，对提高幼儿反手截击与削球也都会有帮助，其技术要领：

### （1）准备与站位

单打发球站位一般是在离中线1米左右的位置，双打一般在中线与双打边线中间位置。发球时侧向对着场地，左脚在右脚后外侧。双脚开立，两脚与肩同宽或略宽于肩。

### （2）抛球

非持拍手持球，将球抛在身体左前方约胸部高度，抛球时身体左转，身体右侧部位绷紧，形成击球前的准备姿势。抛出的球尽量不要旋转，用手向上托起的方法抛球。

### （3）引拍

在抛球时，身体左转，整个击球手臂通过转体时加速向左后引拍，拍头高于手腕，同时抛球手要迅速扶住拍颈，抛球与引拍要紧密衔接，引拍幅度小、节奏快，使对方出其不意。此时重心略向左移，引拍时膝盖弯曲，髌髂关节放松下沉，拍面稍打开，手臂手指放松，准备击球。

### （4）挥拍击球

紧盯网球，当球抛出后迅速做好引拍动作（幼儿也可提前引好拍），然后迅速蹬腿、转髋、转腰，身体重心迅速右移，两手臂迅速分开，带动拍头从上向下，从左向右并向前快速完成击球，击球部位在球的左后下方，使球产生左侧下旋，击球时手腕放松并随手臂内旋，使拍面与球充分接触产生更高速的旋转。

### （5）随挥回位

击球后右手继续向前、向右上方挥出，左脚向前上步，然后两手臂收回，迅速回位到准备姿势，准备下一次击球。

## （六）下手发球教学注意事项

下手发球与上手发球教学步骤相似，参见发球教学步骤。幼儿网球下手发球教学要注意趣味性，可采用各种游戏比赛的方法进行教学。如比谁抛球更准确、谁掷球更好、谁的击球目标精确、谁的发球旋转更多等。另外要注意持拍手要做好充分的热身，全身热身后才能进行发球教学，幼儿不要做单一动作过多，防止过度疲劳而受伤。下手发球可以与接发球、削球等结合起来进行教学，使幼儿更好地理解这些动作的特点与差异，从而更好地掌握下手发球技术。

## 六、接发球技战术与幼儿接发球教学指南

### （一）接发球技术

接发球是一项非常重要的技术，由于发球者控制了发球的力量、方向、速度与旋转等，给接发球带来极大的难度与压力，导致接发球失误或者无质量，被发球者有效地组织了进攻战术。当代男子高水平网球运动员发ACE球（一方发球，球落到有效区内，但对方却没有触及到球而使发球者直接得分的发球。）是很正常的事，但面对接发球好的运动员再好的发球运动员发球也会有压力，从而影响发球的质量，尤其是接二发强的运动员会迫使发球者发出更难接发的球。当今接发球最好的运动员应该是德约科维奇，接发球与双反技术高超是他最突出的优势，这也是他长时间排名世界第一的重要原因。有研究显示，在网球比赛中，接发球的重要性排第二位，仅次于发球。

接发球的动作步骤：准备姿势→向前移动→分腿垫步→移动引拍→调整重心、尽量维持平衡→挥拍击球→随挥收拍→快速选位。

接发球的准备姿势与正反手击球一样，这里不做重复。准备姿势的站位要根据对方的发球力量与落点习惯来调整。幼儿发球力量小，一般接发球站位靠前。

接发球的握拍是根据个人的习惯及场上的击球情况来变化的，如采用进攻性接发可以使用半西方式或东方式握拍，而如果采用削球接发则应该采用大陆式握拍。

接发球要反应快、移动快、击球动作快。一般来说，在发球者抛球时开始向前移动，当发球者挥拍时开始做分腿垫步，紧盯对方击球，当球离开发球者一瞬间判断球的落点并向球的方向移动找到合适的位置，在移动时做好击球动作，准备击球。

接发球时，如果感觉来球比较简单，应主动进攻获得优势；如果对方发球能力强，接发球感觉困难，则采用打深的防守策略接发，此时引拍动作小，尽可能地找准击球点，把球回到对方弱侧深处等。

接发球的击球点要尽量位于身体前面，这一点对幼儿尤为重要，击球点太晚，不仅击球质量下滑，而且手臂承压过大会造成幼儿受伤。

接发球的方式有平击接发球、上旋接发球、下旋接发球等，一般以上旋接发球为主，当移动不到位时采用下旋接发球较多，而当对方球较容易进攻时，可采用快速平击球回击。

## （二）接发球教学训练

### 1.讲解示范

教练通过讲解示范，让幼儿直观地看到教练接发球的动作；接着手把手的指导幼儿做接发球的各个技术动作；最后在教练的示范带领下，幼儿们一起跟着做接发球的动作。

### 2.接发球的各个环节分解教学与完整教学

接发球与底线正反手击球技术类似，可以说是各项技术的灵活运用，所不同的是来球的位置与速度等不同。对于高水平运动员来说，接发球好坏是能否破发的关键。接发球者要反应快、移动快、判断准确、采取的接发策略正确，这就需要接发球者技术全面，在教学中要注意先教正反手抽击的进攻性接发技术，再教防守性接发技术。要注意各个技术环节动作的协调性与连贯性，可以通过分解教学掌握各个动作环节，让幼儿更好地理解接发球的技术动作，同时也要注意及时进行完整的接发球技术教学。

### 3. 教练斜线发轻球，幼儿接发球练习

这是接发球完整动作方法的练习。练习时教练员要注意每次课集中练习一个技术，如接外角发球时采用斜线回反球。通过反复练习掌握斜线接发球技术的同时也会提高幼儿的击打快速落地球的技术。教练员要遵循从易到难的教学原则，同时要注意使用红球并控制球速，防止幼儿受伤。

### 4. 一人发球，一人接发球练习

两个幼儿一组，一个人发球，另一个人接发球，可以先固定发球与接发球的路线，如外角发球，接发球者变直线等，经过反复练习提高幼儿的控制球能力。完成一定数量的外角发球后再练习内角发球等，最后变换发球的方向，提高幼儿的反应预判能力。

### 5. 接发球击打目标练习

设置接发球击打目标要适合幼儿的年龄、网球水平特点，一般先设置简单的目标再设置较难的目标。球速要从慢到快，对球的旋转也是从慢速到快速。发球的速度要从慢到快，而且必须用较慢的儿童球进行训练。设置的目标通常有中路接发球、直线接发球与斜线接发球，对于较高水平的运动员可增加击打小斜线接发球。另外要变化发球的角度、球速、转速及深度等，使接发球者能够掌握各种变化的发球，如追身发球、外角发球、内角发球、平击发球、下旋发球、上旋发球等。但对于幼儿来说，通常

只需要掌握基本的接发球技术即可。

## 七、网球削球技术与幼儿削球教学指南

网球削球与上旋球或者上侧旋球相反，削球产生向下或者向侧旋转，主要包括下旋球、下侧旋球及侧旋球。网球中高位截击、放小球等大多都有削球动作，因此，削球广泛见于网球比赛中，是一项非常重要的技术。德约科维奇每一次比赛都会采用削球放小球的技术，而费德勒更是频繁地使用反手切削技术。可以说无论哪一场比赛都有削球技术的运用，它不仅用于防守，也可用于进攻，在相持阶段也常会看到两位选手来回采用削球技术。

削球有高削球与低削球之分，高削球飞行的弧度较高，球落地时向前速度下降且弹跳较高，如果对手移动到位就很容易进攻。低削球弧度较低，落地时球像打滑一样向前且弹跳较低，因而不容易进攻，一般可用削球回击。如果运动员水平很高，也可以降低重心，拍头降低大力向上拉起反击。

### （一）削球技术

包括正手削球与反手削球，下面以反手削球为例。

**1. 准备姿势**

网球基本准备姿势。（图4-8-①）

**2. 握拍方法**

大陆式握拍法。

### 3. 基本技术

**（1）转体引拍**

当球来自你左侧时，双手举拍向左转体，左手托住拍颈于左肩外侧，拍头高于手腕，身体向左扭转，拍面打开，右手手心向下，两手放松，重心移至左脚，两脚距离较大，膝盖弯曲，保持重心稳定，这时左腋微收，右腋打开并抬高肘关节，形成一个从上到下、从后到前的挥拍发力准备动作。（图4-8-②）

**（2）跨步挥拍**

反手削球一般都用关闭式，因此最后一步是右脚向来球方向跨出一大步，与此同时两手分开，重心前移，右手向前、向下挥拍击球挥动，左手向后、向上，两手逐渐伸直以维持身体平衡。（图4-8-③）

**（3）击球**

反手削球的击球点在球的后下部，击球位置在右脚尖平衡的位置或者稍前，左右距离比双手反拍击球点稍远，可保持一拍距离。击球发力时反手削球从上向下挥拍，重心前移到右脚，略蹬腿，转髋、转腰，发力短促，当力量到达肩部时转体停止，但右肩带动右臂向右前方继续挥出击打球的后下部，击球时手腕固定，让拍子与球产生从上向下的摩擦。（图4-8-④）

**（4）收拍**

随着击球动作的结束，右臂向前、向上随挥收拍，左臂向后、向下伸直，紧接着移动，准备下一个击球动作。（图4-8-⑤）

① ② ③

④ ⑤

图4-8 反手削球技术

## （二）削球的使用

### 1. 防守性削球

当球员被动防守时，可以用削球来打乱对方的进攻节奏；当移动不到位时，常常用削球来增加防守范围。在削球时，手伸得更远，防守击球范围更大。

## 2. 相持性削球

当对方通过削球或者其他击球方式击打反手时，可以采用有力的深削球来反击，形成相持。这种情况下双方常常会对削，削球时要注意深度，寻找进攻机会。

## 3. 进攻性削球

当对方位置不佳，如被调到场地外侧或者勉强上网，而自己的位置又不易使用正反手发力进攻时，可以采用削球击打空位或者削对方脚下等，创造更好的进攻机会。削球上网也是经常使用的一种战术方法。

削球经常与挑高球、放小球结合起来使用，使削球更有变化性。削球的引拍动作小，主要是借对方来球之力将球削出。即使是在身体平衡遭到破坏的情况下，也仍然可以打出削球来。此外，当来球很远时，反手双手击球的选手，也可以双手变单手，采取反手削球的回击方法，从而扩大防守范围有效地将球击回对方场地。

## （三）削球教学步骤与方法

①教练做完整的削球示范动作，并给幼儿观看明星削球视频，让其了解削球技术要点。
②练习从上向下的削球挥拍动作。
③教练带领幼儿使用固定的网球做削球动作。
④教练原地抛球，让幼儿做原地削球。可以先让幼儿引好拍，教练再抛球。
⑤分腿垫步上右脚做挥拍动作，然后练习上步削球。

⑥移动中练习反手削球。
⑦隔网练习反手削球。
⑧与教练员一起进行削球对拉练习。

### （四）反手削球注意事项

①必须判断好球的位置，边移动边引拍，球落地前摆好拍面的准备动作，拍头要举高在左肩上，拍面打开，重心在左脚上。
②削深球时，挥拍路线较平，击球快结束时做向上随挥动作，手腕要固定，右脚要向前跨一大步进行削球。
③幼儿削球教学要在掌握正反手基本抽球技术后，如果正反手基本技术没掌握就不要学习削球技术。
④削球首先要注意球的深度和弧度，在保证安全过网的情况下，球越低越有进攻性。

## 第三节　网球战术与幼儿比赛指南

### 一、幼儿网球战术

#### （一）网球战术定义

网球战术是指在网球比赛中，运动员为了取得比赛胜利或者使比赛更具有观赏价值等而使用的各种方法与手段。网球战术与技术及身体素质等有着密切关系，同时与对手的技战术风格、体能及比赛规则等有关，成功的网球比赛战术能够充分发挥自己的特长与优势并且制约对手的优势，攻击对方的弱点。

## （二）影响网球战术因素

### 1. 是否了解对手

"知己知彼，百战不殆；不知彼而知己，一胜一负；不知彼，不知己，每战必殆。"制订网球战术与对手的网球技战术风格、对手的身体素质、对手的心理素质等有密切关系，在网球比赛中既要根据对手的情况提前制订战术方案，又要能及时根据比赛情况进行调整。因此，在制订战术时要充分研究对手的情况，充分发挥自己的优势并且制约对方的优势。

### 2. 比赛类型与规则

不同的比赛，其比赛规则不一样，短式网球比赛、青少年网球比赛、团体赛、ATP等不同的比赛规则对比赛战术也有较大的影响，在制订比赛战术时要考虑比赛的场地、比赛的盘数、比赛是否是金球制等，从而制订合理的比赛方案。如团体赛的队员出场顺序安排对比赛有重要的影响。

### 3. 网球技术水平、身体素质及心理素质

技术是战术的基础，较好较全面的技术是成功实施战术的基础。良好的身体素质对比赛战术有重要影响，如爆发力强的运动员击球的速度更快、更重，能压制对方，因此就要采用击球上网战术；如耐力好的运动员常采用打持久战的策略，让对方更多的跑动而消耗对方体力。网球运动员的心理素质对网球战术起关键作用，运动员的认知与判断，比赛的专注力与决策能力等都与运

动员的心理素质有密切关系，可以说运动员做出各种战术策略都是心理活动的结果。

## （三）网球战术策略

### 1. 单打战术

#### （1）高成功率策略

网球单打比赛中，决定胜负的关键是击球的稳定性，保持更高的成功率。如果你能保持较高的稳定性，对手往往会受到影响，从而对对方造成更大压力，降低对方进攻的成功率，因而更容易取得比赛的胜利。首先是减少非受迫性失误，这需要较稳定的技术和移动能力，通常需要把球打到过网一米左右高度，并且从下向上打出上旋球，球的落点离底线与边线要有1米左右的距离以保持球的稳定性；其次是迫使你的对手失误，通过给对手压力使其产生受迫性失误；最后，当对手持续打出势大力沉的快速球、角度球、旋转球、深度球时，要集中注意力，努力稳定地回击到中路或者使对手感觉不舒服的位置击球，从而化解对方的进攻。保持高成功率的基本功主要在于发球、接发球和移动击球能力，因此，对于少年儿童来说，要多训练这三个方面的基本功。

#### （2）发球上网策略

随着底线技术的增强，发球上网策略在单打比赛中使用越来越少，发球上网适合身材高大、身体素质好、技术全面、发球势大力沉、落点精准、底线又没有对方强的球员。发球上网常常可以作为一种战术手段，使网球比赛变化更多、更有观赏价值，同时也能给对手施加一定的压力。发球上网的球员要以自信、稳定的发球作保证，同时要防止对方挑高球与打穿越球，因此，这种战术策略难度较大，网球水平不高的球员很难使用这种策略获胜。

### （3）接发球上网和随球上网策略

当对手发球较弱或者打出的球较短时，可以击球后接着向前上网。上网前的一拍要给对方造成压力，因此要具有攻击性和突然性，要注意保持球的深度，并尽量在高于网口的高度回击，攻击时以直线击球为主，球员应降低身体重心，击出以平击为主的速度快而攻击力强的低平球，根据需要可以适当加上旋转，如果是低的球可以采用切削球上网。

### （4）攻击对方弱侧策略

在比赛时，要注意攻击对方弱侧，对大部分球员来说，反手侧通常较弱，如果发现对手反手比正手强，就应该攻击正手，可采用压反打正或者压正打反策略。

### （5）抢攻二发策略

当对手二发较软时，应攻击对方二发。一是打大角度进攻球，二是切削上网，并注意把球落点打深。

### （6）调动对手策略

在网球比赛中，打对手空当，始终使对手处于快速移动状态击球，消耗对方体力，降低来球的进攻性。调动对手的方法主要是打两边斜线球，偶尔放小球和挑高球结合，使对手时刻提防你的变化，给对手增加心理压力。调动对手的关键在于发球与接发球质量，当你处于主动时就可以打出自己想要的落点，从而调动对手，否则可能被对方调动全场奔跑，从而因体力不支导致比赛失利。

### （7）打回头球策略

当调动对手来回移动，对方都能有效地移动到位击球时，此时要结合打回头球策略，对手将因失去重心而很难改变移动方向回来击球。当对方击完一次球正在向另一侧跑动时击打回头球。

### （8）应对发球上网策略

在单打中，发球上网的球员进攻力强、移动快、防守面积大，应对发球上网移动快的球员的最好方法是对准他的脚下进行击球，或者以直线和大角度斜线穿越球来应对，有时也可以使用挑后场高球来应对发球上网的选手。

### （9）利用自然环境

阳光、风及温度等因素都会对比赛产生一定影响，充分利用这些因素也非常重要，如当对方逆阳光照射时，常常会影响发球与击打高球，此时可以把球打高；当打顺风球时，为防止球出界应多打上旋球，而逆风时可以多打平击球或者下旋球。

## 2. 双打策略

### （1）双底线

双底线型打法是双打比赛防守性打法，当对方进攻能力较强并且处在主动进攻状态时，通常采用双底线策略进行防守。双底线型打法的特点是防守性较强，减轻发球与接发球的压力，要求底线破网效率高，力争每个球都能够回击过网并尽量给对方网前者压力，然后伺机进攻。双打线打法要求击球变化复杂，让对手不敢抢攻,如采用挑高球、直线底球、打击对手脚下等。当对手发球质量高,而我方接发球质量较差时,两人可以退至底线,利用快速多变的底线技术控制对手,积极防守,守中反攻。双底线阵型也是双上网型打法和一前一后型打法的过渡阵型,一般适合水平较低的业余运动员,尤其适合在青少年儿童网球比赛中使用。

双底线打法有发球后退回底线与接发球后退回底线,其同伴一开始就站在底线,发球者发球后退回底线与接发球者形成对抗格局。当接发球者上网时要把球打深或者打到对方脚下,接发球者同伴在网前频繁抢网时,发球方退后打直线穿越或者挑高球寻找更好的进攻机会。接发球方接发球后退回底线,形成双底线防守战术。使用这种战术的主要情况有两种,一是球员底线技术明显好于网前技术;二是对手发球水平较高,网前攻击性强,迫使另一方不得不进行底线防守。

(2)一底线一网前

通常在每一分开始时都采用这种一前一后的站位,发球者和接发球者站在底线,而发球者的同伴一般都站在网前。但对于水平较低的业余运动员与青少年运动员来说,由于发球者与接发球者击球质量不高,无法进行上网进攻,因而形成了底线与网前的站位,这种站位是初级水平的比赛的首选,但对于高水平双打运动员来说,这种站位只是每一分的过渡打法,运动员一般不会在这种位置停留太长时间,如果有进攻机会就会形成双上网型打法,如果处于被动防守就会退回底线形成双底线型打法。

(3)一底线一中场

一般在比赛开始时接发球方采用这种站位。高水平的比赛,发球方通常为主动进攻方,为了防止网前的人放小球和打大角度球，接发球者的同伴站在中场防守，这样可以随时转化为双上网进攻或者双底线退守。

### （4）双上网策略

双打进攻中适合采用双上网策略，主要为网球技术较好、发球与接发球具有进攻性的一方使用。接发球或者发球者获得主动时，抓住机会迅速上网，形成双上网平行站位，一旦成功上网就可以打向对方底线球员，形成二打一的局面，持续给对方施加压力。网前的球员击球角度更大，而且可以迅速向对手网前的球员打出脚下球或者追身球。

### （5）"I"字站位

"I"字站位是一种特殊的一前一后的站位方法，也称澳式站位。澳式站位是一种发球局战术，发球方的两个球员站成一条直线并与网垂直。后面的球员发球时，前面的球员蹲在网前，双脚分别站在中心线的两侧并尽量降低重心以免影响发球的线路，在发球者发球后快速移动进行截击。这种同侧站位首先在擅长双打的澳大利亚球员中使用，所以就被大家称为澳式站位。

采用这种站位方式的球员要相互配合，发球球员的搭档要有明确的目的，并需要发球者配合，以便于发球的落点与速度等更有利于网前的抢截进攻，预先告知发球者自己会如何移动以便发球者及时补位。

这种打法的优势是能分散接发球者的注意力，增加接发球者的接发难度，因为网前球员站在中间或两边都有可能抢攻致使回发斜线球。而由于发球者发球速度较快，接发球直线又比较难而且容易被网前抢击，应对这种澳式站位最好的方法应该是挑高球，破坏对手网前者的进攻，另外，偶尔打中路球也是较好的选择。

### 3. 团体赛策略

网球团体赛是培养运动员团队合作精神的绝佳机会，团体赛一方面是反映整个团队的实力，另一方面也可以体现团队的合作精神。由于参赛人员多，组织变化多，团体赛深受广大网球爱好者的喜爱。团体赛队员的出场顺序很重要，如果一号种子在团队里可以安排在前面参加比赛，获得第一场比赛的胜利有利于提振全队的士气，但也要注意以防对手用最弱的队员对你方最强的队员。有些队员对对方比较了解，他会选择与对方某个球员比赛获胜的把握更大，因此，在组织团体赛时，要与队员沟通，从而更好地了解对方的实力，合理排兵布阵常常会以弱胜强。

## 二、幼儿网球比赛指南

幼儿网球比赛首先强调的是认真学习的态度，比赛既是一个网球学习过程，也是一个检验技战术、身体素质等综合实力的过程。在网球比赛时，任何人都不能现场指导，因此，在比赛前制订比赛战术是非常重要的。作为幼儿网球教练，首先要求球员认真打好每一个球，要有自信、敢于拼搏的体育精神，良好的精、气、神是发挥出色水平的关键；其次，要向他们传授保持击球稳定性的方法；最后，要根据对手特点制订比赛方案，幼儿通常赛前准备一个比赛方案，但对于有经验的运动员可以准备两个或更多的备用方案，一旦第一方案失败可以及时采用第二、第三方案等。

幼儿网球教练员要重点抓好幼儿的基本技术及素质训练，提高他们的网球水平，在此基础上，指导幼儿比赛战术，如发外角、内角、追身等发球策略，发球时的站位及发球后的移动等，如果对方站位在较内侧，可以发外角侧旋球；如果对方站外侧可以发内角球；如果对方站中间位置可以发追身球；如果对手反手较弱，可以发对方反手侧等。在比赛时要了解对方，并不断攻击对方的最大弱点。

在高水平的单打比赛中，发球、接发球和移动击球能力都是影响比赛结果的重要因素，但由于幼儿个子小、力量小，发球与接发球并没有明显的优势，对于他们来说，能成功地完成发球就可以了，如果能发出角度和深度就可以保持发球的优势，在此基础上，再注意加强球的旋转与速度。

为让孩子们了解网球场的位置，可以把场地划分成红灯区、黄灯区、绿灯区。红灯区是底线区，球落点在对方的这一区域通常是安全的；黄灯区即中场区，通常是对方开始组织进攻区域，如果球落点在对方中场区，要做好防守准备，如果对方的球落在你的中场区，要及时移动到位并加强进攻；绿灯区，即球的落点在网前区域，此时要快速向球的方向移动并进行强力进攻以尽可能打出制胜分，如果你击出的球在对方绿灯区，要做好防守准备，紧盯对方移动击球的时机和击球点，提前做好预判。

减少击球失误通常是幼儿获胜的关键，而减少失误的秘诀是击打红灯区。对于青少年及幼儿来说，强调把球打深的同时，要保持离边线与底线1.5~2米的距离，以确保球的安全性。通常情况下，击打斜线球比直线球安全。沿来球路线回击要比变向回球安全。当受到对方进攻压制时，不要试图冒险击球，在被动情况下要尽量把球打向中路，如果对方不善于网前，可以通过拉高的弧线球回击，但如果对方进攻时仍有较大的防守区域，而你还有能力反击时可以冒险一试，但要考虑成功反击的概率，在平时要加强这两种回击方式的训练。

发挥自身的优势，避开对方的优势而攻击对方的弱点，需要制订战术方案，并要提前进行战术训练。首先，教练员与球员要根据对方与自己的优缺点来确定战术打法，尤其是发球与接发球时的策略以及第一拍后的打法对这一分的影响非常重要。如果对方进攻性强但主动失误较多,这时可以采用全场防守和保持高成功率策略,等待对手失误而得分;如果对方正手较强,喜欢侧身攻打法,可以攻击对方反手,当对方侧身进攻时,选择击打大角度正手;如果对手移动快,但灵敏性较差,可以采用打回头球策略;如果对手发球上网,可以选择打对方脚下或者大角度球等,如果对方发球较软,如二发时,可以接发球进攻或者上网。发球组织进攻的策略有:发外角球把对方调到场地外,然后向另一侧进攻;发内角球,把对方调到中场,然后击回头球;发追身球,击打对方弱侧位,如反手位,再组织进攻;另外,发球时还可以结合放小球等组织战术。

　　比赛是最好的训练方式,幼儿网球比赛最重要的是兴趣,在训练中进行比赛是充分调动幼儿的积极性、提高孩子心理素质与专注力的重要手段。比赛要公平合理,不同水平、不同年龄的孩子在一起比赛时要有合理的让分或者让击球区域等规则。通过比赛学习比赛礼仪和比赛规则等。比赛也是孩子们交友的重要方式,通过比赛提高孩子们对比赛的认识,逐步形成自己的比赛风格。

　　如果教练与球员对对方不了解是很难制订比赛方案的,在这种情况下要指导球员充分发挥自己的特长,在比赛前与比赛中去了解对手的情况。有经验的球员常常会利用热身练球时对对手进行了解,主要了解对方的强项在哪里、弱项是什么,对方主要得分手段是什么,对方是进攻性球员还是防守性球员,对方的战术打法有何不足,应该如何应对对方的进攻等。如果对手在与你比赛前,先与其他人比赛,要充分利用这一机会去观察对手,并与队友、家长、教练等一起讨论比赛方案。

　　制订比赛方案后,要进行赛前的模拟比赛训练,这是进一步熟悉战术方案的有效措施,教练要充分利用队员的特长进行训练，让他们选择自己最喜欢的击球方式尽情享受网球比赛训练，从而更好地提升他们的信心。

值得注意的是，赛前训练不要过多去训练弱项。技术的提高是长期训练的结果，在比赛前去进行动作修正是不明智的，因为新改正的动作不可能马上在比赛中发挥出来。如果在比赛中，球员总是想新的动作可能适得其反，不仅不能更好地完成比赛，而且会分散比赛注意力，从而影响比赛的发挥。

在赛前训练时，要教球员学会通过呼吸调整、心理放松等多种手段控制比赛节奏，如在对方状态好时，要放慢比赛节奏，通过多回合的击球消耗对方精、气、神，等待对方状态下滑时进行快节奏的反击。教练员要鼓励他们认真对待每一分球，在比赛没有结束前不能松懈，如在落后情况下要永不放弃；在领先的情况下要防止因麻痹大意、骄傲自满而被对手大逆转。

在幼儿网球比赛中，胜负并不重要，重要的是他们的态度，如他们是否尽力了、是否发挥了自己的水平、是否执行比赛方案。教练员要多鼓励孩子们，不断增强他们比赛的乐趣与信心，帮助他们树立正确的比赛与训练观念，逐步形成个人比赛风格。

# 第五章 幼儿网球教练

## 第一节 幼儿网球教练执教技能

幼儿网球教练一般都是网球教练员担任，我国没有专门设置幼儿网球教练员，初级网球教练员、中高级网球教练员都可以担任幼儿网球教练员。甚至家长也可以担任自己孩子的网球教练员。目前我国比较正规的幼儿网球教练员主要集中在各地网球中心、网球俱乐部、体育运动学校等。

与少儿和成人网球教练员相比，幼儿网球教练员又有其独特要求。幼儿网球教练员不仅要有较好的网球技战术，更要有耐心和爱心，要把每一个幼儿都看成未来的网球之星去尊重与培养，而且要有非常好的组织教学能力，时刻能激发幼儿的运动兴趣，能及时处理孩子们遇到的问题，帮助孩子们克服困难，增强他们的信心。教练员要有发现问题和解决问题的能力，及时纠正错误动作技术，要找到引起错误的原因，最好能预防错误动作的发生。

要树立健康第一的指导思想，要打好网球基础并注重幼儿身体健康，使幼儿网球与身体同步正向科学发展。要养成良好的练习网球的习惯，注意技术动作的优美，同时注意幼儿身体左右对称、全身协调发展，促进幼儿身体均衡生长发育。《中国青少年网球训练教学大纲》明确，少儿网球的体能训练时间应明显大于网球技术教学时间，而幼儿网球体能训练时间比例更高。因此教练员必须精通幼儿体能训练理论，努力学习运动与网球生物力学、运动训练学理论、运动生理学理论、网球训练理论等，还要了解幼儿的身体素质、体质情况并与家长们沟通。家长让幼儿学习网球都希望幼儿可以学习网球基本技术、培养网球兴趣、促进生长发育、提高身体素质、增进健康、培养网球礼仪和独立能力。因此，教练员要科学地把体能训练与技术训练结合起来，激发幼儿积极参加训练的热情。培养幼儿的网球兴趣，要充分利用幼儿喜好活动的天性，调动幼儿学习网球的积极性，让他们享受网球、热爱网球，在快乐中成长。教练员要有一定的幽默感，为孩子们创造较好的训练氛围。这是幼儿网球教学与训练的重点，也是幼儿网球教学与训练的难点。把单调的网球技术与各种趣味的游戏结合起来，每一堂课都要有明确的网球教学目的和体能训练目标，科学安排训练过程；要充分发挥教练员的游戏组织能力，在游戏中要对幼儿进行正确的引导，及时阻止错误行为并防止幼儿参加超过自己能力的高强度体育游戏项目。

教练或者家长要培养孩子们坚强的意志和胜不骄、败不馁的人生态度，以及认识问题与解决问题的能力。在网球比赛中，赢球是相对的，冠军只有一个，所有运动员都会面临输球的情况，教练员要培养幼儿的拼搏精神，看重他们在比赛及训练过程中的表现而非结果。教练员要对幼儿努力打好每一个球的表现进行鼓励，激发幼儿团结拼搏的精神和正确面对失败的态度。前世界排名第一的大坂直美在她十八九岁时即使获得最顶级赛事冠军也非常沉着冷静，而在落后时也仍然非常坚定与自信。具有这一特质的人常常会反败为胜，因为只有保持冷静，人的智慧才能表现出来，才会认识到比赛的形势，从而寻找解决问题的办法。正所谓："骄兵必败"。在网球游戏与比赛中，无论对手水平如何都要认真对待，都要尊重对手，当对手打出好球时要为其鼓掌。国际知名网球运动员大都球场是对手，场外是朋友，如费德勒、德约科维奇、纳达尔等相互之间都是好朋友。

要重视孩子网球礼仪的培养,注重孩子网球知识与其他知识的结合,促进孩子智力的提升与知识的积累,培养幼儿运用知识解决问题的能力。教练员要教育幼儿首先要遵守网球规则,遵守课堂纪律,良好的课堂纪律是提高幼儿网球教学质量的关键因素之一。

网球的一项重要功能就是提高孩子们的社交能力,教练员要培养幼儿的团队合作精神,教练员与家长及孩子们共同讨论制订个人的目标与球队的目标,制订训练制度和教学训练计划与方案,营造良好的集体氛围。

教练员要有较高的执教水平并要有认真施教的态度,要以较高的网球技术与执教水平让孩子与家长对其充满信任。教练要不断提高自身与学生的水平才能得到大家的认可,才能获得家长、幼儿甚至社会各界的支持。

教练员要有一套属于自己的科学有效的教学方法与原则,这是教练员实施教学计划的根基,也是实现教学目标的基石。教练员要树立教学目标,并为实现教学目标付出行动,调动一切可以调动的力量来实现这个目标。

教练员要关注孩子在网球训练中的成长过程,要从技术、战术、体能及意志品质与交际能力等多方面评价幼儿成长过程,及时引导幼儿在网球训练与比赛中养成正确的学习态度。为了提高学习效率,最好是问孩子们该做什么,而不仅仅是告诉他们该做什么,要调动幼儿积极性,使其更加主动地参与各项学习,这有利于培养幼儿的独立性、创新性。教练员要鼓励他们通过反复实践来学习,如当幼儿击球失误时,应该提示他们如果再击打这样的球,你会有什么不同的做法?你能克服这个失误吗?

要了解幼儿身体状况和当天体育活动情况,如果在学校运动量很大,训练中就要减少运动量;幼儿身体不好时也要调整计划，观察幼儿的身体与精神状态，努力提高幼儿的兴趣，更好地完成教学训练任务。

## 第二节 幼儿网球教练交际技能

幼儿网球教练有的在幼儿园内部进行网球教育培训，有的在校外进行网球教学培训，无论是校内还是校外的教练员都要与家长们互动，让家长们参与到幼儿网球学习中来。校内网球培训家长们无须送孩子，比较方便，但能开展校内网球培训的幼儿园较少，家长们也很少进入幼儿园参与幼儿网球运动，教练员与家长主要是通过线上交流，指导家长们如何帮助孩子提高身体素质与网球水平。而校外网球培训机构的幼儿基本都是由家长接送并陪同参加网球学习的，家长们需要付出很多的时间与精力接送孩子学网球，通常情况下家长还在网球场附近等候孩子1~2小时，甚至更久。如果不让家长们参与其中，家长们会很难坚持下去。因此，可以让家长们参与帮助孩子，也可以让家长们在其他场所互相交流或者参加网球培训等。

教练员要加强课后与家长们的沟通与指导。如布置课外练习时要求家长参与管理与监督，同时尽可能地提供线上指导。另外当孩子在外参加比赛时，教练可提前写好比赛计划交给家长，并在线上给家长提供比赛战术等，这样的交流有助于提升家长对教练员的信任，从而增加他们对孩子学习网球的支持。

有研究显示，父母的期待与幼儿未来的成就密切相关，过高与过低的期待都会产生不利影响，过高的期待会增加孩子的压力，压力过大会导致孩子不想学习网球，而过低的期待孩子往往没有动力。教练员应根据幼儿的情况来调整家长的预期，如果家长给孩子压力过大，要让家长们减轻孩子的压力；如果家长对幼儿的网球学习过程毫不重视，可能会导致幼儿学习网球的积极性降低。

教练员与幼儿进行交流，处理好与幼儿的关系是非常重要的。幼儿情绪不稳定时，教练员要认真聆听幼儿的想法，及时排解幼儿不良的情绪。教练要用最容易让孩子们接受的方式与他们交流，如温柔的语气和热情的表情等会给孩子们带来安全感、信任感。

教练员要善于与幼儿进行非语言沟通，面部是我们最具表现力的身体部位，我们可以用眼睛、眉毛、嘴、舌头、面部肌肉等来传达信息，各种不同情绪均可以用面部表情来表达。手势与其他身体动作也是重要的交流方式，教练员体态要端正、表现自信、充满活力、精力充沛、示范动作规范、行动果断有力。身体接触也是较好的交流方式，如击掌、拥抱等，但要注意性别、文化等差异；要注意发型、服装的整洁得体，与幼儿们保持适当的距离。

与幼儿交流最重要的一点是使用积极正能量的语言激发他们的信心，而不要使用消极负能量的语言刺激幼儿。如"你这个怎么不会呀、人家后学的都会、人家比你小的都会了"，这样的语言会打击幼儿的信心，可以对孩子说"这个球就差那么一点是好球了，加油""人家会我们也行"等。

与其他教练员、当地网球俱乐部及网球协会等相关人员交流与合作对教练员与幼儿的未来发展是很有帮助的。如俱乐部间的交流赛、友谊赛、表演赛等，让幼儿更多地体验网球交流、比赛氛围。教练员之间经常交流心得对提高网球执教水平是有很大帮助的，要以开放合作的心态来发展网球，教练之间既是竞争关系又是合作关系，团结合作才能促进网球的发展。

教练发现好的网球苗子时要重点培养并应该向有关部门输送网球人才，另外大量的网球比赛、活动信息都需要有较好的信息渠道，要积极组织幼儿参加当地有关部门举办的网球活动与比赛。教练员要关注网球信息并经常与家长们分享，让幼儿家长们明白孩子参加网球比赛的意义。对于有网球发展潜力的幼儿，教练要动员家长积极培养孩子并尽可能地帮助他们克服困难，不要错过孩子的最佳发展期。

# 第六章 幼儿家长须知

## 第一节 做更好的家长

网球是一个健康而又较少受伤的体育运动项目，也是一个终生体育运动项目，从事网球运动能增强孩子自信，提高孩子社会交往的能力。同时，网球更是一项有趣的体育运动，它能让人们享受美好生活。运动与不运动的孩子十年后是不一样的人生，运动对促进孩子成才有重要作用，家长们要认识到运动可以促进人的全面发展，做孩子的引路人，为孩子的明天打下良好的健康基础，这是家长们最大的责任之一。无论孩子文化成绩多么优秀，如果由于运动不足而导致健康问题，这样的教育就是不成功的。

北京大学健康中心指出，至2030年我国将有5000万儿童超重或者肥胖，每四个孩子就有一个是肥胖的，而肥胖是健康的大敌。造成肥胖最主要的原因是运动量不足，摄入的能量大于人体消耗的能量。这多余的能量就会以脂肪的形式存贮在人体内，脂肪会存积在血管里阻塞血管而影响血液循环，导致全身器官、系统供血不足从而导致细胞营养供应不充分，进而严重影响身体健康，对幼儿来说还会影响生长发育。家长们有责任控制孩子体重，促进孩子正常生长发育。健康专家们认为肥胖是万病之源，它会增加很多重大疾病患病的风险，如癌症、心脑血管病、呼吸系统病、骨关节病等；肥胖还可能会引发摔伤等意外风险，容易出现安全事故；肥胖者体重大、下肢压力大，也容易导致肌肉损伤。大量儿童肥胖的主要原因是孩子没有从小培养一个体育爱好。据中国青少年研究中心报道，我国目前有39.47%的青少年没有体育特长与爱好，他们也不知道如何科学锻炼身体。因此，幼儿家长须尽早培养孩子体育运动的兴趣与特长，如果等到孩子发育肥胖了，再想培养他们的兴趣就不容易了，也很难取得较好的锻炼效果。

孩子的健康与爱好是家庭的大事。家长们为孩子创造良好的文化学习教育环境的同时，也要培养孩子吃苦耐劳的意志品德，如让他们去参加体育锻炼。教育应该挖掘孩子的一切潜能，促进孩子大脑发育与身体健康，让孩子们有充足的活动时间与动手实践机会，培养孩子勤思考、勤劳动、多实践，在生活中学知识、学本领。体育锻炼正好弥补了目前我国知识教育、应试教育的不足，正如北京师范大学博士生导师毛振明教授在北京市海淀区家庭教育大讲堂上指出的，"体育是造就好孩子的最佳途径，好孩子需要好体育"。人生是一场马拉松比赛，只有健康的人才能走得更远。每位家长都要注重孩子的身体素质与体质健康，关注自己的孩子是否每天完成了所需要的运动量，孩子是否有自己喜欢的体育运动项目，尤其是培养能终生锻炼身体的体育爱好是孩子未来幸福的关键因素。家长要担负起孩子健康的监护职责并培养孩子的体育爱好，促进孩子养成良好的生活习惯，严格控制玩手机游戏、看电视剧等，尽可能多地让孩子参加体育运动与社会实践活动，培养孩子勤动手、爱劳动、爱运动的优良品德，提高孩子实际生活、生存的能力。

千里之行，始于足下。常言道，"三岁看大"，其意思是指幼儿3岁时就可以看出他以后的发展情况了。尽管这句话有点夸大其词，但也在一定程度上说明幼儿行为习惯的重要性。幼儿是人生的起点，是养成各种习惯的最佳时期。幼儿这个时期学习、模仿能力非常强，家长的一举一动、一言一行孩子都看在眼里、记在心里,千万别认为孩子很小,什么都不知道,其实周围的环境在潜移默化地对孩子起作用。我国北宋著名的教育家张载主张幼儿早期教育,并提出从胎教开始,他说:"直自在胞胎保母之教,已虽不知谓之学,然人作之而已变化于其教,则岂可不谓之学?""古人于孩提时已教之礼,今世学不讲,男女从幼便骄惰坏了,到长益凶狠,只为未尝为子弟之事。"可见我国早期教育的理论历史悠久。"穷人孩子早当家,千金难买少时贫""宝剑锋从磨砺出,梅花香自苦寒来"。苦难是一笔财富,生活条件好了,人们往往容易变得懒惰。很多孩子很小就学会了玩手机游戏,严重者会因为玩游戏而影响学习与生活。因此,从小培养孩子一项体育爱好是家长的责任,要培养孩子养成自觉从事体育锻炼等好的行为习惯,这样孩子将终身受益。艰苦的环境能锻炼人的能力与意志,只有经得起艰苦的磨炼才能更有发展前景。学习打网球就是一个历练孩子的过程。网球比赛就是一个经历失败到成功的过程。根据孩子们身心发展规律所进行的幼儿网球教育培训,可以促进孩子健康、快乐成长,也可以锻炼幼儿的坚强意志。

学习与运动不仅是可以兼顾的,而且是相互促进的,适当的运动可以提高文化成绩,促进身体健康。中国工程院院士钟南山学生时期不仅学习成绩优秀,而且能歌善舞、多才多艺,在各项文体活动中都非常活跃、出类拔萃。从小学六年级他就开始参加体育竞赛,在体育竞技方面的特长尤为突出。他从小学到大学都是运动场上耀眼的明星,他曾在第一届全运会打破400米栏全国纪录,1961年又获得北京市十项全能亚军。他回忆自己当年在选择当运动员还是医生时有过犹豫,后来他选择了做一名医生,他认为他自己最多可以达到亚洲运动水平,因而放弃了当职业运动员。如今他年近九旬仍然工作在第一线,而且他还能完成许多年轻人都不能完成的引体向上、双杠屈臂伸等需要较大力量才能完成的动作，可见，钟老的体育运动爱好对他的健康与科研事业意义是巨大的。他说："体育运动在我一生里头对我的健康与事业起了关键作用。"像钟老这样从小从事体育运动而事业有成的案例不胜枚举。中国的教育家们提倡言传身教，家长们的行为是孩子最好的榜样，如果家长自己都不喜欢运动，很难激发孩子参加体育锻炼的欲望。即使家长们不喜欢运动，为了孩子也要开始进行体育锻炼。如果孩子学网球，家长最好也要参与网球运动，不管家长学到什么程度，都可以为孩子起到榜样的作用。幼儿们看到自己父母在学网球、打网球，学网球的动力往往会大幅增加，学习兴趣也会大大提高，这将有利于激发孩子学习探索网球的兴趣。

　　家长正确的决策往往会给孩子带来更好的发展前景。我国著名网球运动员李娜的体育启蒙项目是羽毛球，后来教练和父母发现她的手腕不灵活而更适合依靠臂力的网球，李娜改打网球是她父母最正确的决策。就这样，李娜8岁开始打网球，12岁进入省队，17岁进入国家队，20岁排名全国第一。李娜的网球天赋开始得到充分展现。之后李娜又在2011年法国网球公开赛和2014年澳大利亚网球公开赛收获女子单打冠军。退役后，李娜被英国《金融时报》评选为2014年年度女性人物，并成为"2014CCTV体坛风云人物年度评选"的年度最佳女运动员，2019年，李娜成为首个正式入选名人堂的亚洲球员。由此可见，正确的决策对一个人的发展是非常重要的。

　　如今，网球已经成为非常热门、时尚的体育项目。网球不仅受到广大人民群众的欢迎，也受到教育部门与体育部门的高度重视。2018年教育部公布，网球正式进入2020年全国中考考核项目。全国许多地区都把网球作为中考选项。因此，让孩子打网球将会更有助于孩子的未来。

　　今天，中国的网球与20年前相比大不相同，以浙江工业大学为例，学校从原来仅有两片水泥网球场发展到现在三个主校区（不包括浙江工业大学之江学院）三十多片网球场，网球场的质量也大幅提高，网球教师、网球教练员、网球俱乐部的数量也都大幅增加。随着我国社会的发展，特别是进入新时代以来，打网球已经成为满足人民美好生活的重要手段，中国网球的国际地位一定会进一步提升。希望我们的网球运动经历能为广大家长与教练员提供参考，也希望本书能给大家提供网球教学与训练的启示。

## 第二节　对幼儿网球运动启蒙的认识

关于孩子从什么时候开始学网球的问题，很多家长感到困惑，其实什么时候学习都可以。主要看孩子打网球的目的是什么，如果是想培养孩子成为网球特长生或者专业网球运动员，建议3~5岁开始网球启蒙并且每周至少进行3次网球训练，5岁以后就应该每周训练5次以上了。如果孩子打网球的目的是健身娱乐，任何时候开始启蒙都可以。如果从其他体育运动项目转为网球项目的，6~8岁学网球也不算晚，关键是看孩子的运动能力，有许多网球运动员是从其他体育项目转过来的，如李娜、巴蒂等。

加拿大一项运动指南指出：0~1岁的婴儿每天要安排数次体育活动；1~4岁的孩子每天至少安排3个小时不同强度的体育活动；而5岁的孩子每天要安排60分钟的有一定强度的运动。这些建议与澳大利亚、英国的体育活动建议是一致的。

研究指出，体育运动可以促进幼儿的身体健康、心理健康以及社会健康。因此，各位家长可以参考这些国家的体育活动指南指导孩子进行体育锻炼，但目前为止对幼儿的运动时间、强度及频率等还没有达成共识，广大家长要根据自己孩子的实际身体情况去调整。一般情况下如果运动后第二天幼儿感觉更有精神、更想运动，就表明这个运动是有利的，并可以在下个周期适当增加一点运动负荷观察下一天的情况；如果幼儿状态下降就要减少运动负荷。另外要注意在一天中要安排不同部位的练习内容，尤其是力量练习，同一个部位不能练习过量，要有充足的休息时间，另外要做好充分的准备活动。

大多数著名网球运动员从3~6岁开始学网球，但他们在学网球之前其实早已参加如走、爬、跑、吃饭喝水、站立、压腿等其他运动了。运动是从0岁开始的，运动是人的生理需要。人的一生是在运动中生活的，但这并不是说从事网球专业训练越早越好，过早地进行专业网球训练可能适得其反。但如果把网球作为一种培养孩子综合素质的方式却是非常好的，网球的各种变化对幼儿的手与手指的协调性要求较高，同时可以锻炼幼儿的平衡性、灵敏性。网球的技战术组合也是变化无穷，能较好地开发孩子智力，激发孩子们的学习热情，锻炼孩子们的意志品德。

我们建议1~2岁以玩网球和参加相关兴趣活动为主，这一阶段主要目的不是打网球，而是通过玩网球的方式学习网球，通过各种网球游戏来提高孩子们的兴趣与身体素质，同时熟悉球性，为网球学习做准备。有学者研究指出：将0~5岁的网球运动定义为运动能力培养的原点，幼儿越早提升基础运动能力，就越有利于大脑的发育、身体协调能力、综合运动技巧以及身体形态与平衡性。同时有助于培养孩子自信地面对复杂的社会关系，控制情绪和缓解压力，提高综合素质。这一阶段建议由家长们充当网球助理教练员或者教练员，让孩子学习简单的抛球、抓球、熟悉球性，学习网球的步法，同时练习平衡能力、走、跑、跳能力等。如果有几个孩子一起练习，再加上有专业的网球教练指导，效果会更好。这个阶段每天要练习多次，可以分散在白天的各个时间段进行，每次练习时间不要过长，孩子兴趣稍有下降就立即停止练习或者变换练习方式以提高孩子学习兴趣。

2~3岁除把网球作为游戏外，还应初步学习网球基本技术动作，此时主要通过模仿网球动作来学习技术，而且一次练习网球的时间不要超过15分钟，要采取各种辅助动作来练习技术，如果条件允许可以参加幼儿网球培训班。

3~6岁为网球入门阶段，此时幼儿可以参加网球培训班了，但仍然是以培养兴趣和体能训练为主，把单调的网球技术和体能训练融入快乐的游戏当中去。家长们不要过多关注孩子的网球技术，而要关注幼儿的网球兴趣、身体素质、网球基本技术及安全、网球礼仪等。在比赛中失败不可怕，可怕的是对于失败的态度。有的孩子经不起输，一输就哭甚至放弃比赛，有的孩子胜了又表现得非常骄傲，看不起对手等，家长与教练要培养孩子胜不骄、败不馁的心态，认真对待每一个、每一场比赛。

## 第三节　家长必备的网球运动基本知识

### 一、网球拍与拍弦

网球拍是击打网球的武器，网球拍的好坏直接影响击打网球的效果。网球拍的发展经历了木质、金属和碳素等几个阶段，随着科技的发展，网球拍也不断取得新突破，网球拍变得越来越轻，功能越来越强大，如碳纤维网球拍更硬、更轻，能减轻手的震动压力，击出更快更有控制性的网球，但价格较贵，如果条件允许，建议购买碳纤维网球拍。购买网球拍时要考虑的一是拍面的大小与拍的长度，二是拍的重量，三是拍的材料，四是拍柄的粗细，五是拍的平衡点，另外还要考虑拍线的材料与拍线所穿的磅数（1磅≈453.6克）等。1~3岁网球拍要短而轻，一般长度不要超过17英寸（1英寸=2.54厘米）。（表6-1）

表6-1 儿童网球拍选购参数表

| 年龄段 | 长度（英寸） | 重量（克） | 面积（平方英寸） | 磅数 |
| --- | --- | --- | --- | --- |
| 1~3 | 17 | 200以下 | 90左右 | 30~40 |
| 3~5 | 18~20 | 200~220 | 90左右 | 30~40 |
| 5~7 | 19~21 | 210~230 | 100左右 | 30~40 |
| 7~8 | 21~23 | 230~250 | 100左右 | 35~45 |
| 9~10 | 25 | 240~260 | 100左右 | 40~48 |

儿童网球拍绝大部分都已经穿好线了，所以磅数是固定的，选择正规大品牌儿童网球拍，家长们根据自己孩子的年龄、身高及力量情况来选择就可以，商家一般会告诉你购买什么型号的拍子。常见的进口网球拍品牌有百宝力（BABOLAT）、海德（HEAD）、威尔胜（Wilson）等，国产有天龙、欧帝尔等。

拍弦在击球过程中，也具有非常重要的作用，影响拍弦击球效果的因素与拍线的材料、粗细以及网球拍和穿线的拉力与水平有关。拍线的材料主要有羊肠线、人造字复合线、聚酯线、尼龙线等。羊肠线是最专业的线，它具有较好的控制性、弹性，对球的咬合性比较好，线的拉力不容易下降，深受追求高水平击球质量的专业运动员喜爱，但天然羊肠线有价格较昂贵、耐磨性差、怕热怕潮、容易断等不足。现在很多网球爱好者也喜欢用人造羊肠线。随着科技的进步，人造复合弦在制造工艺上越来越精良，人造复合弦因为价格较低且种类繁多、使用寿命长，能够满足不同技术风格的爱好者，所以多数网球爱好者会选择此种拍弦。聚酯线是一种很强韧而且耐打的线，咬合性较强，击球力量大而柔软，既适合广大专业运动员，又适合广大业余网球爱好者，其不足之处在于弹性较小，建议选择较细的线，穿线的磅数不要太大。

广大家长在为幼儿选择线时，可以选择较细较好的聚酯线，因为幼儿的力量小，不易打断线，相对于粗线，细线弹性与柔性更好，更容易控制。另外拍弦的间隔越大，拍面越大，宜选择的拍线越粗。

拍弦的拉力一般以磅为单位，磅数越高，对球的反弹力越小，球越容易控制，力量越大的人需要越高的磅数，幼儿网球拍弦一般都是小磅数，这有利于增加弹性和保护幼儿手臂以免受伤。

## 二、儿童网球和儿童网球场地

幼儿网球运动场地可以使用短式网球场地。短式网球场地与标准网球场最大的差别是场地小，场地地面较软，对幼儿骨关节及肌肉等有更好的保护作用，也同时减少了运动损伤，因而更加安全。另外，短式网球场地小，网球飞行时间短，因而练习频率更快，练习效果更好。配合使用儿童网球进行练习，幼儿更容易击球，掌握技术更快。

2012年，国际网联对10岁及以下的儿童比赛规则做了修改：10岁及以下儿童比赛必须使用慢速的红、橙、绿球，传统的黄色网球被禁止使用。另外对儿童比赛场地也进行了调整。如10岁以下儿童比赛可以使用红、橙、绿三种颜色场地，红色为长10.97~12.8米，宽4.27~6.1米的短网场地，在这个场地范围内都是可以进行儿童网球比赛的。网的中间高度是0.8~0.838米；橙色场地为17.68~18.285米，宽6.1米~8.23米，网的中间高度为

0.8~0.914米；绿色的场地为标准网球场地，适合有一定水平的儿童与成人比赛。这三种场地我们分别称为短式网球场、过渡网球场和标准网球场。（图6-1）

①红色网球场

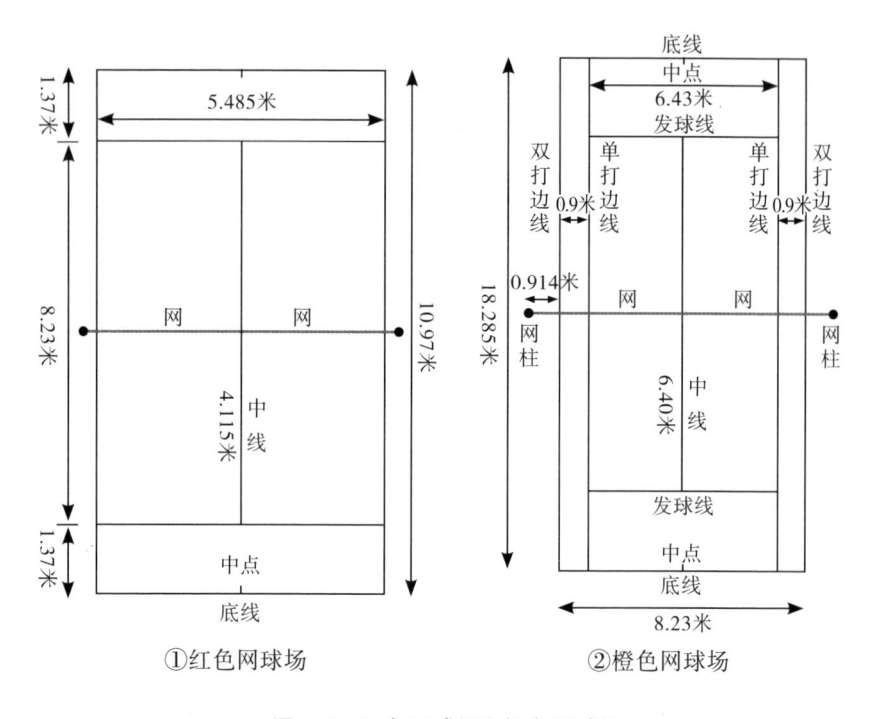

②橙色网球场

图6-1 红色网球场和橙色网球场

过渡（橙色）网球场地比短式（红色）网球场要大很多，它的大小更接近标准网球场，但过渡网球场并不是统一的，只要符合规定范围就可以。不管是多大的过渡网球场，都需要按照一定的比例去划线，如场地长度不够而使用最短的17.68米，而宽度又使用最大的8.23米，这样场地比例就不合适了。

## 三、准备活动

幼儿网球运动前必须做好充分的准备活动。网球是一项全身性的运动，需要全身关节肌肉的参与，准备活动能有效防止运动损伤，增加肌肉弹性，提高运动成绩，充分的准备活动后人会感觉更舒服，活动更有精神。因此，家长们自己带孩子打网球时一定要做好充分的热身活动，但强度不宜过大。准备活动分为一般性准备活动和网球专项准备活动。

准备活动的方法有慢跑、侧身跑、各种变向跑、各种方向的跳、各种抛球及一些简单的游戏等，然后进行各部位活动操、各部位动力拉伸，以及各种球性练习等活动，准备活动至少要15分钟，因此，在参加网球培训时要提前带孩子做准备活动。准备活动要根据气候与训练内容等因素来调整。比如今天以上手发球为主时，必须把发球手臂及腰活动充分。一些容易受伤的部位以及有轻伤的部位都要更加注意充分热身，在做运动时要注意高强度的运动不能先做，要在幼儿充分活动后并有充沛的体力时再安排较大强度的运动，否则容易受伤。

网球专项准备活动通过各种脚尖脚跟走加手臂旋转、高抬脚走、高抬膝内摆与外旋髋关节走、手足爬行拉伸、弓步转体走及各种侧身跑、侧身跳、变向跳等进行热身，然后进行全身性的活动操练习，可以用绳梯、跳跳球、跳绳、锥桶等工具进行。对于幼儿来说，还要注意准备活动的趣味性，可以通过做游戏、变换活动形式等方法提高幼儿的积极性。采用各种方式的抛接网球游戏、垫球、挥拍等是比较好的专项热身方法。

### 四、幼儿网球运动营养

幼儿正处于身心生长发育的关键时期，合理的饮食和营养摄入对于儿童的健康成长尤为重要，一般在运动前要保证足够的营养与水分补充，而在网球运动中，由于运动量及运动时间较长，幼儿更需要充足的营养与水分的补给。培养幼儿良好的饮食习惯是健康教育的基本要求，合理的饮食和充足的营养摄入是维持人体健康的必要条件。幼儿应在训练与比赛前两个小时左右适当地补充糖类、蛋白质，在孩子运动中也要注意适当的食物奖励，如香蕉、巧克力、棒棒糖、牛肉、运动饮料、蛋糕等，但不宜过多，忌食刺激性与容易产生气体的食物，如辣条、葱、苹果等。在网球比赛中，运动员参加比赛的时间是不确定的，有时候一场比赛往往需要数个小时，而业余比赛往往一天要打几场，特别是打到决赛的运动员，运动量非常大，运动强度非常高，在这种情况下就需要运动员平时要有适当的脂肪补给，但一定要控制好脂肪量。因此，网球运动员如果体重较轻就可以适当地补充脂肪，一般在比赛前不建议补充脂肪，通常补充葡萄糖就够了。

除了注意运动前补充营养，在大运动训练与比赛后身体能量大量消耗，要适当补充糖、蛋白质、无机盐，如面包、蛋糕、鸡蛋都是很好的选择。

不仅吃的东西要有讲究，而且吃的方式也很有技法。德约科维奇对于怎样吃就同他打球一样很有技法，他在自传中提到他的"饮食守则"值得借鉴：①慢慢吃，用心吃。吃东西要专心，不看电视、手机等，同时不吃冷东西。②合理分配三餐的饮食。早餐与中餐吃高热量的食物以供运动所需，到了晚上吃高蛋白质食物，促进肌肉修复。③保持正面心态。在吃东西时，要想这些东西对身体的正面作用，多想吃的东西对身体的好处，而不要去想它的负面作用，如担心吃这个对身体不好，担心吃那个对血压不好等。④重质不重量。小德约科维奇非常注重吃有机食物，数量适合就可，不要吃太多。

## 五、幼儿运动服、汗巾与运动鞋

穿运动服是参与体育运动的必然要求，要让孩子养成参加体育活动穿运动服的习惯。选择运动服大小要合身，厚度要根据季节来调整，一般不影响孩子们运动即可，除冬季较冷外，一般要求穿短裤或者轻便的运动裤，要以孩子不感觉冷为参考，另外要带运动内衣进行更换，尤其是结束运动后要给孩子保暖，以免感冒。

汗巾也是幼儿网球运动时常备的，由于网球运动时间比较长，运动员容易出汗，常常会打湿上衣，甚至裤子也会汗湿，这时需要及时用汗巾擦汗，以减少衣服的打湿程度。

有研究显示，穿柔软且具有弹性的网球鞋发生疼痛、不适甚至受伤的情况只有33%，而穿硬质网球鞋时发生类似情形则占49%以上。因此，在选择网球鞋时应选择弹性较大、较软的鞋子。幼儿由于脚太小，而市场上这么小的网球鞋很难买到，家长可以购买合脚的弹力运动鞋代替，如果幼儿感觉穿得不舒服，应该立即更换运动鞋。

## 六、运动损伤常识

运动损伤是体育运动的大敌，也是影响运动成绩的重要因素，严重的运动损伤不仅影响运动成绩，而且可能会影响人的正常生活。因此，平时要以预防为主，如果出现伤病要及时进行治疗与康复。

运动损伤主要表现为软组织损伤，包括肌肉、肌腱、韧带损伤，严重时神经与血管也会受伤，尤其是关节处的损伤较多。幼儿由于软骨成分较多，骨的有机成分比例较大，导致骨的弹性较大但不够坚硬牢固，因此，幼儿的骨经不起较大力量的撞击。另外幼儿关节运动时运动幅度较大，关节间的滑液丰富摩擦力小因而运动时磨损较小，但由于软骨成分较多，容易变形，因此幼儿关节不能承受较大的冲击力，过度的运动也会引起关节软骨受压、关节韧带撕裂等。

网球常见的受伤部位有肩部、肘、腕、腰、膝、踝关节等。发生受伤的情况有两种：一是外伤引起的，二是劳损引起的，即长期运动积累导致损伤。

## 1. 预防受伤的方法

### （1）准备活动

在网球运动前必须进行充分的准备运动，它能克服内脏器官的生理惰性，缩短进入工作的时间，预防运动损伤，提高机体的代谢水平，增加肌肉弹性，提高运动成绩等。准备活动有一般准备活动与专项准备活动，如通常的慢跑、拉伸、活动操等属于一般热身，而与网球有关的侧身跑、交叉步、各种灵敏性练习、各种抛接球、垫球等属于网球专项热身运动。

### （2）检查运动场地、网球鞋及服装

活动前要了解网球场地情况。不同的网球场其材料、场地朝向、场地四周空间大小、场地的平整度、场地卫生情况与干湿度等都会对移动产生一定影响，一定要了解场地情况。网球鞋的好坏与运动损伤也有一定关系，网球鞋与场地摩擦力越大，地面反作用力就越大，越容易引起疲劳，但不容易摔倒，如果进行强度不大的网球运动，穿这种鞋比较好。若为了减少力对人体的冲

击，建议选择较好的柔软底的网球鞋，但如果网球鞋摩擦系数很小，就很容易滑倒而受伤，因此磨平底的网球鞋不能做快速变向运动。另外要注意鞋的大小要合适，还要注意带好护具，保护易受伤部位。

### （3）保持安全距离

注意与场地上其他人员保持安全距离，及时清理场地上的网球等。在一个场地上同时有多个幼儿一起打网球时，要注意保持一定的距离，同时提醒孩子们注意安全，在击球及整个运动过程中都严禁伤及其他人。另外网球场上的网球等要及时捡起来，防止幼儿踩上网球而摔倒。

### （4）关注天气变化与身体状态

考虑天气环境、孩子身体状态。这些因素都可能导致幼儿运动损伤，人们在天气不好或者过度疲劳时，常常容易受伤。

### （5）穿戴防护装备

穿好防护装备，如护踝、护膝等，对原来受过伤的部位要多做准备活动和带好护具，以免反复受伤。

### （6）适当的训练强度

要选择正确的练习手段，控制好运动负荷，无论是素质练习还是技术练习都要注意练习的节奏，采用循序渐进的训练原则，不能急于求成。

## 2. 运动损伤处理

运动损伤有轻度、中度、重度之分，其中轻度损伤往往可以继续活动，但不可进行强度较大的运动，要观察并确认受伤程度,在没有把握的情况下不要进行运动。而中度损伤继续活动时可明显感觉到疼痛和无力,运动水平下降,因此应该停止运动。幼儿网球发生重度损伤的可能性较小。

发生软组织损伤应立即停止运动,在损伤后应立即处理,避免错过最佳时间。因此,家长们应该备用一些包扎布和冰块,特别是在强度比较大的训练与比赛中。另外经常受伤的部位要额外注意保护。如以前踝关节受过伤的人更容易再次受伤,这个部位要做专门的准备活动并带好护踝。急性损伤可以分为几个时期,即时处理期、早期、中期、后期。

### (1) 损伤即时处理期

伤后即刻冷敷15分钟,冷敷面积应稍大于受伤部位,要注意冷敷温度在0~4℃比较好;同时加压包扎、患肢抬高,使用云南白药气雾剂。如果是撞伤应该立即按压受伤部位,防止肿胀扩大。加压包扎与伤肢抬高是必须及时处理的,此时应请其他人帮忙寻找冷源,务必越快越好。

### (2) 早期处理

伤后即时处理后,可以休息、持续冷敷或者间断性冷敷,24小时内不可按摩与推拿,受伤部位不可以用力刺激。早期处理及时,方法合理,会减轻受伤程度,将会对康复有很大的帮助。

### (3) 中期处理(受伤后24~48小时)

完成早期处理后应注意改善血液和淋巴循环,提高组织代谢,促进瘀血和渗出吸收,加速再生修复。

①热疗。对受伤部位进行加热,加强血液微循环。

②理疗。使用理疗仪器对受伤部位治疗。

③按摩。按摩要根据伤情来判断,如果红肿不是很严重可以

轻度按摩，按摩应从伤部边缘开始，由近端向远端进行，以不加重局部疼痛为宜，深部肌肉挫伤不能使用重手法；按摩力度不可过重，在按摩时可以与穴位按摩结合起来，增强疗效。

④药物使用。可以吃跌打活血药，局部使用各种伤药。

**（4）后期（受伤48小时后）**

此时出血完全停止，肿痛基本消失，但功能尚未完全恢复。主要表现为锻炼时有痛感，肌力未恢复，严重者可能由于组织粘连、疤痕收缩而出现伤部僵硬，活动受限等。这一阶段主要恢复受伤部位肌肉、肌腱和关节功能，防止复发。

处理方法：以按摩、热疗、理疗、功能锻炼为主，适当运动，但要注意不要出现痛疼，同时使用云南白药等药物进行治疗。另外，在受伤期间，家长们应注意在饮食上给孩子提供充足的营养以促进康复，如牛肉有促进损伤康复的功能。另外要注意增加孩子康复信心，伤员良好的心态将有助于伤势的快速恢复。

# 第七章　幼儿网球礼仪

在网球场上任何的不文明行为都可能受到严重的处罚，如2020年美网比赛中，德约科维奇因为一个不理智的击球误伤了司线员被直接判负，而且遭受巨额罚款的严重处罚；小威廉姆斯在2018年美网比赛时摔球拍被罚分并受到罚款处罚。网球是一项绅士运动，对运动员的思想品德要求较高，因此良好的网球礼仪学习能够提升人们的道德素养，促进人的德、智、体、美、劳全面发展。

## 第一节　幼儿网球教学训练礼仪

①进行尊师爱友教育。教育孩子们要团结每一个小朋友，尊重老师和家长，要教育他们互相帮助、互相配合、互相鼓励等。

②教练在第一堂课就要立规矩、讲文明，把教学训练常规告诉孩子们。当伤到对方时要立即说"对不起"并尽可能地帮助对方，被伤害者要说"没关系"，教师要及时教育孩子下次不要发生类似的伤害事情。

③教育幼儿们爱护网球场上的物品，不得摔球拍，不得用力摇球网，不得暴力乱击球、踢球等。

④幼儿要依次排队打球或者服从教练分配，不得插队，并按照规定完成击球数量等。

⑤当对方的球在底线附近或者发球时不能确定是否进发球区，而对方想知道球是否失误时，要主动告诉对方是线内还是线

外，甚至要告诉对方离线多少距离。

⑥诚实自信，遵守纪律，不得大声叫喊和哭啼。如在数击球数或者比分时不得乱数，如要求每人完成50个好球再休息时，幼儿常常会把失误球也计算在内等。教练发现问题后要及时教育幼儿。

⑦在球场上要主动捡自己区域内的球，并帮助别人一起捡球等。在多球训练时，往往需要幼儿依次或者统一捡球，有的幼儿不愿意捡球，教练要及时进行教育，使其养成热爱劳动、乐于助人的习惯。

⑧不要着急捡滚到其他人正在打球的球场上的球。等对方这一分结束后再自己捡球或者请别人捡球。如果其他人帮忙捡了球要说"谢谢"；如果球飞到别人场地打到或者干扰其他人打球时要说"对不起"。

⑨常说"对不起"和"好球"，在自己球没有打好时要说"对不起"，当对方说"对不起"时，要说"没关系"，要常鼓励球友加油。

⑩不跨球网或者用力压球网，不做其他破坏球场设施的行为，不穿对场地不利的鞋子等。

⑪当其他人需要帮助时，要尽可能地帮助他人。

## 第二节　网球比赛礼仪与观看礼仪

### 一、比赛礼仪

①在比赛前5分钟要陪对方做好充分的热身练习。

②在做热身运动时要尽量给对方送比较好击打的球，如场地中间或者送到对方身旁，不要让对手跑动太大，更不要打致

胜分。

③在对手发球热身时，不要回击，如果想接发球要告知对方。

④在双打时，要与自己搭档进行热身，而不是与对手热身。

⑤在比赛开始确定一方选择权时，服从规则规定或者主动放弃选择权（重要比赛除外）。

⑥在发球时，要向对方示意准备发球，在抛球失败重新抛球时要说"对不起"。

⑦在发球时，要准备两个网球，手持一个网球，另一个网球放在身上，当第一发重发时也要有两个网球才开始一发。

⑧当对手准备发球，而球在你的半场区域时，要主动为对手捡球并轻轻地打给对方。

⑨要清理干净场地中不需要的网球，以免影响比赛。

⑩在比赛中如果球打到其他球场上，不要打断他人的比赛，要等其他球场上的球员活动停下来再去捡这个球，除非这个球影响了他人的比赛。

⑪在擦网得分时说"不好意思"或者"对不起"。

⑫无论对方强弱，都要认真对待，尽力打好每一个球，要尊重对手与裁判，表现出绅士风度，不得有任何侮辱、不礼貌的行为。

⑬参加信任制比赛时一定要诚实，在没有看清楚时听取对方或者观众的意见。

⑭不向观众、裁判及其他工作人员方向用力击球，不大声争执。尊重裁判的判决，不与裁判争论，养成服从裁判的习惯，如果确有必要可申请重赛。

⑮当比赛时击打的网球伤害到对手或他人时都要表示对不起。

⑯当对方打出好球时要表示欣赏；对方战胜你时，给他们

赞扬；对方战败时也要友好鼓励。

⑰幼儿比赛要提醒他们自己积极主动捡球，告诉他们正规比赛是有时间规定的，不要故意拖延比赛时间。

⑱比赛开始或者结束时要握手，并拍照留念。

⑲信任制比赛中，不要对自己落在球场另一边的击球做出判罚，除非对方多次出现明显误判，必要时可要求增加裁判。

⑳当进行双打比赛时，要与自己的合作伙伴互相尊重、互相鼓励、团结合作。

㉑在双打比赛中，接发球者要专注于接发球，不要让球出界，让你的搭档去判断。

㉒在双打比赛中，只判断你附近的球是否出界，不要判断你搭档区域的球，而由搭档去呼叫是否出界。

㉓在比赛时，要有积极的比赛态度，不要大声叫喊，但在挥拍发力时可以有发力叫声，在双打时可以与搭档交流。

㉔在比赛每一分之间，发球者不得故意拖延时间，两分之间只能间隔25秒，一般间隔10~12秒就着手发球了。

㉕一旦比赛开始，没有特殊情况，不得随意结束和放弃比赛。

㉖当进行其他比赛活动时，要遵守比赛规则，服从教练安排。

## 二、观看比赛礼仪

①观看比赛时，要提前进入观众位置，如果迟到，要等运动员正在击打的这一分结束才能进场。

②教育幼儿在观看其他人比赛时不要随意走动，更不能走进正在比赛的场地。家长或教练员不要带不可控制的孩子、宠物等进比赛场地观看比赛，以免在比赛现场难以控制。

③在精彩的一分球结束时，应该为球员的优秀表现鼓掌。观看网球也是一个学习与欣赏的过程，运动员有好的表现需要鼓掌喝彩。

④当比赛正在进行时要保持安静，不要吃东西、大声喧哗、玩游戏等。

⑤尽量不要带电子通信设备等去看正规的比赛，如果带有手机要把手机调至静音，不能在正在比赛的场地边上打电话等。

⑥如有必要可以帮助运动员捡球，但不要乱扔球，要等运动员看到你并表示要球时再抛给他们。

⑦在观看比赛时要穿着得体、保持良好的气质和精神状态等。

⑧在观看比赛时不要评论他人的错误，更不能嘲笑他人。

⑨在观看比赛时要尊重球员，支持、鼓励双方球员，不要偏袒任何一方。

⑩在观看比赛结束时要有礼貌地与大家说"再见"等。

## 第三节　幼儿网球礼仪教学

网球礼仪教学要融入整个教学与训练过程中，要把中国的优秀传统文化和社会主义核心价值观融入到礼仪教学中进行全方位的育人教育，良好的育人教育对完成教学与训练任务有重要的作用。如在训练中要求幼儿击球与捡球相结合，在完成一定数量的击球后，也要迅速完成一定数量的收球任务，这就保证了训练中的网球及时供给，提高了训练效率；穿有利于运动的网球服装、网球鞋等对于保护网球场地、快速移动等有帮助；教练和家长要提醒孩子见面如何打招呼，见面时要互相问好；在做游戏、比赛时要遵守规则、服从裁判，要做到人人讲文明、守纪律。

## 一、幼儿网球礼仪教学策略

### 1. 利用比赛与观赛场景对幼儿进行网球礼仪教育

在学习网球礼仪时要利用观看比赛来对幼儿进行教育。幼儿理解能力差，但如果能在实际生活中潜移默化地进行礼仪教育，就会获得事半功倍的效果，因此学习网球礼仪要结合比赛和观赛情景对幼儿进行教育。如教练或家长带孩子通过电视观看上海大师赛、中国网球公开赛，也可带孩子观看当地的一些网球比赛，学习运动员与观众的礼仪行为。另外，教练或家长也可以组织网球比赛，结合幼儿的比赛进行网球观赛礼仪、比赛礼仪教育，当有幼儿违纪时要及时教育并使用交换角色的方法去体会礼仪的重要性。

### 2. 统一学习与个别指导相结合的原则

在网球礼仪教学中，既要组织幼儿学习网球礼仪的基本要素，又要根据学生的特点因材施教。教练或家长要系统性地教孩子学习网球礼仪知识，当幼儿违背网球礼仪时要及时进行纠正和指导，使幼儿养成良好的行为习惯。在纠正错误和个别指导时要有耐心，必要时要亲自做示范，带领孩子学习网球礼仪。

### 3. 教练与家长要发挥榜样的作用

凡是要求孩子做到的，家长与教练必须能做到。教练与家长要注意礼仪细节，同时把日常礼仪融入到网球礼仪中去，使幼儿从小受到文明礼仪的熏陶，潜移默化地对孩子的思想与行为产生影响，使其从小养成讲文明礼貌、遵守纪律和规则的良好思想品德。如与教练见面主动问好、下课时说再见、比赛时尊重对手等。

### 4. 网球教学与礼仪教学相融合的原则

教练员在进行幼儿网球教学时要注意把技术、战术等网球知识教育与文明礼貌等思想品德教育相融合，如幼儿要有顺序地排队等候，帮助其他幼儿喂球，或者让水平高的幼儿做示范、带其他幼儿一起运动等。教练员要把日常礼仪与网球礼仪有机地融入到技战术教学与训练当中，如网球着装礼仪、捡球礼仪等。要创造一个有序、安全、文明、礼貌的网球课堂氛围，使幼儿在自然成长中得到中国优秀文化礼仪的熏陶。

### 5. 网球礼仪与中国礼仪文化教育相结合原则

网球是一项快乐健康的体育项目，人们常说它是"贵族运动""绅士运动"，所谓贵不是因为打网球需要高昂的费用，而是由于网球来源于传教士，发展于皇家贵族，这些贵族人士从小学习礼仪文化，为他们事业的成功提供了精神基础。

作为中国人不仅要学习网球礼仪，更要学习中国礼仪文化。通过网球运动学习并传播中国的文明礼仪，让世界了解中国。如教幼儿见面问好、离别再见、上课认真、有事报告、互相帮助、团结合作、卫生习惯、穿着得体等，把中国文明与网球礼仪相结合，让孩子们更容易理解和掌握网球礼仪的深刻涵义。

### 6. 结合社会主义核心价值观对幼儿进行网球礼仪教育

富强、民主、文明、和谐，自由、平等、公正、法治，爱国、敬业、诚信、友善。这24个字的社会主义核心价值观，对幼儿的人生观、世界观、价值观有重要的影响。把网球礼仪与社会主义核心价值观融合教育会有事半功倍的效果。如富强的教育，国富民强，国富不仅是国家的经济财富，也包括人才财富，可以理解为国家的一切资源、人民的强健身体与创造力等均是富强的标志，教育孩子们要富强、要健康、要美好生活就必须锻炼好身体，努力学习，学好本领；在训练、比赛中要尊重他人，在做裁判时要做到平等公正，严格执行网球规则等；要努力打好每一个球，做好每一个动作，培养幼儿从小认真敬业的精神；要讲究诚信，实现对孩子们的承诺等。

总之，通过网球礼仪教育，使外部行为转化为幼儿内在的优良品德，培养出社会所需要的德智体美劳全面发展的人才。

## 二、幼儿网球礼仪教学方法

### 1. 语言法

语言法是指施教者运用各种各样的语言进行教学的方法。如讲解礼仪的规则与意义，提问为什么要遵守礼仪，怎么做到更加有礼貌等。语言法是礼仪教学中最广泛使用的一种方法。通过言语讲解、语言交流、语言激励等方法可以让孩子们更好地自觉遵守各种规范的礼仪。幼儿由于理解能力与知识面等相对较差，利用语言教学法时，要通俗易懂，简单明了。在利用语言评价孩子礼仪行为时，要多使用正面的激励方法，挖掘孩子们的闪光点。即使要批评孩子的错误行为时，也可以先通过表扬、奖励其他好的同学来影响教育犯错误的孩子。采用语言法教育幼儿礼仪时，要减少使用命令及不文明的语言，要注意使用合适的语气，教育者要使用文明用语，以较高的素养来影响孩子。如当幼儿们在观看比赛时大声喧哗，不要强制他们安静，而是让幼儿走到教练身边问他，"如果你在比赛时其他人在大声喧哗你会感觉如何呢？"，在比赛后有些孩子输球了就不愿意握手、拍照等，要及时告诉他们输球不可怕，但要是输了礼貌就真是输了，输球要总结经验再接再厉才有进步，而不是不尊重对手。使用语言教学法时，要注意尽量与孩子们交流互动，而不仅仅是说教，要注意使用一致而明确的语言信息。在教礼仪过程中一般一次解决一个问题，教练员要充分利用幼儿能听得懂的语言并耐心细致地与幼儿交流，要注意说话的语气、声音与节奏，不要用对成人说话的方式交流。如孩子来上课见到同学与教练等要提醒孩子们见面互相问好；告诉孩子们在观看比赛时要注意观看礼仪等。

### 2. 讨论法

讨论法是指在教师指导下，针对某个问题采用讨论、交流、提问等方式对孩子们进行文明、礼仪教育，它有利于提高孩子兴趣，加深孩子们对礼仪的认识与理解，有助于提高教育效果。

在网球礼仪教学中，教练员要引导学生就礼仪中的一些知识点进行讨论，教练员提出问题，孩子们进行讨论。如教练说："同学们，如果有个新同学过来，我们应该如何去迎接与帮助这位新同学呢？"孩子们在讨论过程中可以提高学习积极性，也提高了礼仪知识的学习效果。

### 3. 示范表演法

通过创设情景的方法去学习网球礼仪，如教练与家长进行网球比赛时，进行合影、握手，赞扬对手、说"对不起"等，然后让孩子们进行比赛或者演示学习,这样在实践中学习会有更好的教育效果。

### 4. 表扬批评法

教练员在教学中要注意观察幼儿的表现情况并适时对幼儿进行表扬与批评。一般情况下,多以表扬为主,在必要时才进行合理的、适度的批评教育。对于表现好的学生要有适当的奖励,并不是所有的幼儿对奖励的反应都是相同的,要采用适宜不同幼儿的奖励措施,注意尽量不使用消极语言,奖励要侧重在幼儿的努力过程,不仅奖励体育成就,还奖励情感和社交技能的学习和表现,这有利于幼儿的长远发展,也有利于整个网球培训团队的发展。

### 5. 角色交换法

在网球训练与比赛中,有观众、运动员、教练员、裁判员、组委员等多种角色,不同的角色担当的任务不一样,要求的礼仪也有差异,幼儿需要学习不同角色的各种礼仪教育。另外,在幼儿有对他人不礼貌等违背网球礼仪的表现时,可以通过角色互换,去真正感受如果对方对你不礼貌时,你心理感受如何,从而更加直观地对孩子进行礼仪教育。

### 6. 游戏比赛法

比赛是最好的网球训练形式,在幼儿网球礼仪教育中,可以通过各种游戏、比赛的方法,提高幼儿学习兴趣。如在分组比赛时,看哪一组表现更好、更有礼貌、更加团结协作、更加尊重对手等。年龄与水平不一致的幼儿同时训练时,可以采用让分、让跑步距离等方法进行游戏、比赛,这样更能体现体育公平，更能提高大家的兴趣，更能促进孩子们团结合作。

### 7. 自我评价法

在礼仪教学中要充分调动幼儿的积极性，让幼儿自己对自己的表现进行评价。如在比赛后自我评价表现如何，应该打多少分，是否尊重对手、是否进行了拍照等网球比赛礼仪学习。

# 第八章 幼儿网球发展探索

## 第一节 大力推进网球进校园活动

2017年10月20日，教育部办公厅发布了《教育部办公厅关于开展全国青少年校园网球试点工作的通知》，以贯彻落实《国务院办公厅关于强化学校体育促进学生身心健康全面发展的意见》（国办发〔2016〕27号）精神，推进学校体育综合改革，大力提升青少年校园网球教学、课外活动、师资培养培训、训练与竞赛等质量与水平，推动校园网球项目发展。将全国青少年校园网球活动作为"扩大网球人口规模、夯实网球人才根基、提高学生综合素质、促进青少年健康成长的基础性工程"，教育部的这一政策对推动我国网球的发展具有历史性的意义。2018年全国有7个省参加了网球进校园试点工作，参加的学校为285所；2019年参加试点的省（直辖市）有10个，参加的学校共有374所。据研究，还有许多没有参加网球进校园试点的省份中的网球特色学校没有被统计，全国网球特色学校数目应该远大于统计数目，如杭州就有28所省级网球特色学校没有被统计入全国网球特色学校。

## 一、大力推动网球进幼儿园活动

网球是一项群众体育与职业化体育都高度发达的运动，网球职业化的最佳启蒙年龄应该是4~6岁，这一年龄段的孩子绝大部分在幼儿园，因此，在幼儿园开展网球启蒙活动是非常必要的。然而，目前我国幼儿园开展网球活动的非常少，即使开展了网球活动的幼儿园大多也是不稳定的，我们曾经在杭州市西湖区白马山庄幼儿园开展了免费进校园教学活动，杭州西湖区翰墨香林幼儿园邀请过学生家长来校进行网球教学，其目的是把想学网球的幼儿园孩子带到校外参加教练举办的网球培训班，但活动仅一学期就结束了。

幼儿园一般没有网球教师、也没有网球场，幼儿园很多老师甚至都不了解学网球的最佳年龄，因此，也就很少有幼儿园老师关注网球。

### 1. 教育部门应积极推动网球进幼儿园活动

目前，教育部门主要进行中小学网球推广活动，尚未见有对幼儿园网球进行推广的政策，各地教育行政部门应该加强幼儿网球活动的研究，指导幼儿园开展网球活动。

我国大部分幼儿园都有体育活动场地，在幼儿园开展网球活动并不一定需要真正的网球场，在幼儿园平时活动的场地就可以开展网球教学活动。如网球的球感练习、步伐练习、技术模仿练习、网球体能练习等并不需要多大的运动场地，因此，在幼儿园开展网球活动是可行的，也是非常有必要的。

**2. 加强幼儿园教师的网球培训指导，提高幼儿园教师的网球教学积极性**

幼儿园教师在幼儿园网球活动中起着非常重要的作用，教育部门与幼儿园应加强幼儿园教师网球教学技能培训指导工作，同时，幼儿园应引进网球教师提高幼儿园网球师资水平，为幼儿园教师开设网球活动课程，提高网球教师的教学积极性。

**3. 扶持建立网球特色幼儿园，引导幼儿园积极开展网球活动**

选择有条件的幼儿园开展网球特色活动，主要包括场地、教练员，其中教练员是首要条件，如果附近有网球特色学校，尤其是小学或者俱乐部，可以采用资源共享、联合培训等多种方式合作，一方面能为网球特色小学输送人才，另一方面也扩大了网球人口，为其他幼儿园发展网球特色提供成功案例。

## 二、加大网球进中小学校园活动推广力度

**1. 教育部及各级教育行政部门加强网球特色学校布局**

中国网球发展关键在于增加网球人口，让每一位想参加网球运动的孩子都能就近进行网球活动。目前，大部分中小学校都没有开展网球活动，就算比较发达的地区网球特色学校也很少。如杭州没有一所网球特色高中，有网球运动场的中小学校屈指可数。网球特色学校存在分布不合理、数量少、质量差等问题，各小学应该把网球与田径、篮球、足球等一样作为体育课的必修内容之一，让所有的学生都有一个启蒙学习网球的过程。

## 2. 加强中小学网球师资力量的培养工作，提高教师的教学水平

中小学网球教师与教练员在发展校园网球中具有特别重要的作用，网球教师的教学水平与教学责任心是校园网球顺利开展的关键，各学校应该重视网球教师与教练员的引进与培养，加强网球教学技能的培训，不断提高网球教师、教练的运动技术水平与教学训练能力，制订并落实激励网球发展的有效措施，使教师、教练员全身心地投入到学校网球发展事业中来。

## 3. 积极引进社会力量进校园开展网球活动，加强校园网球与校外网球合作

网球具有较好的社交功能，学校应该充分利用网球项目与校外网球机构进行合作，加强校园网球保障体系建设。一方面是引进来，如引进教练员、引进商家投资等，另一方面是走出去，如让学生去校外参加网球培训学习等。现在有些学校与网球培训机构合作，收取高额的培训费用这不利于校园网球的发展与普及。

## 4. 积极举办区域性网球交流、比赛活动，建立青少年、幼儿网球考级与比赛机制，完善校园网球竞赛机制

网球的趣味性强、健身效果好，但由于早些年我国经济落后，导致网球人口发展缓慢，网球场馆及网球比赛较少，很多县市根本没有条件开展网球活动，甚至没有一片正规的网球场地。各地应该积极开展网球比赛，市县级教育局、体育局应每年发布网球比赛计划，通知各小学参加网球比赛活动，同时还可以设置教师及家长比赛等。

各校应积极制订校园网球竞赛计划，认真落实与其他学校的

网球比赛与交流活动,同时吸引家长来学校参加网球活动,加大校园网球宣传力度,不断完善校园网球训练、比赛机制。

## 第二节 加强乡村地区网球特色学校建设,加大欠发达地区网球发展力度

### 一、欠发达地区发展网球的意义

我国网球发展较好的地区主要是大城市或者经济较发达的地区,而且极大部分网球运动员有着较好的家庭生活条件,参加网球培训班和打球场馆费用都让普通工薪阶层家庭望而却步。但是,内蒙古自治区的经济相对来说并不发达,但其群众网球与竞技网球的水平却均排全国前列,全国知名高校高水平网球运动员有相当一部分来自内蒙古自治区。这充分表明,在经济相对落后的地区也完全有可能打造出网球特色品牌,在经济相对落后地区发展网球有以下明显优势:

①我国有着特色社会主义举国体制优势,在当前我国共同富裕的政策导向下,支持经济水平相对落后地区网球的发展,能更好地满足欠发达地区人民美好生活的需要。

②落后地区土地价格优势明显,网球场馆建设成本低,因此,村委会、农村中小学校等均比较容易建网球场。

③许多经济不发达地区的孩子都有吃苦耐劳的优良品质,有较强的奋斗精神,更适合从事网球运动,同时也更有可能创造更好的网球成绩。世界排名第一时间最久的小威廉姆斯和她的姐姐大威廉姆斯能取得傲世成就,与她们从小的艰苦生活有很大的关系,小威廉姆斯启蒙时其家人甚至舍不得给她买一块儿童网球

拍，她是用她家人的成人拍开始挥拍学网球的，她父母通过网球比赛电视直播知道打网球能赚很多钱时，决定让她开始学网球。因此，很多穷苦出身的人吃苦耐劳精神和努力奋斗的动力比很多家庭优越的人要强，在许多体育项目上包括网球取得好成绩的运动员来自欠发达地区或者家庭条件并不好的为数不少。

④能吸引网球教练员、网球教师、体育教师深入欠发达地区从事网球事业。在中国共产党的领导下，我国从来不缺具有奉献精神的人，只要有较好的网球训练、网球教学设施，有相关政策的支持，就会吸引网球人才，同时也能提高当地体育教师从事网球事业的积极性。

⑤能吸引民间资本投资。一些发达地区的网球俱乐部、从事网球运动的企业家等为了更好地发展也会以各种合作方式资助在经济相对落后地区建网球基地。如超达网球俱乐部在河北保定建网球基地并获得较好的成绩。

## 二、在经济欠发达地区开展网球活动策略

**1. 政府要加大网球规划与投入力量，做好长远规划，重点加大小学网球场馆建设**

农村有着土地资源优势，可以在农村小学开设网球课程，有条件的学校应该开展幼儿网球启蒙培训，不放过任何一个有网球天赋的孩子，尽量做到低成本、低收费，让每一个孩子都能学习网球。

**2. 创新农村幼儿、中小学生网球考级与比赛机制，在有条件的县、乡举办网球赛事**

各地区的教育、体育部门应结合国家网球比赛机制建立具有

当地特色的网球考级与比赛计划,广泛开展网球比赛活动,为有条件的学校积极安排网球教师、教练员等。如以乡镇为单位组织团体赛、以家庭为单位组织家庭网球赛、以学校为单位组织团体赛,如果网球人口不足,可以以网球游戏进行比赛,如网球垫球接力赛、网球掷球命中率比赛、网球掷球远度比赛、网球体能比赛等。

在有条件的乡、县举办全国性、甚至国际网球比赛是非常有意义的事情。一场较高级别的网球比赛往往会促进当地群众对网球的了解与热爱,各地要加强对网球比赛的广告宣传,积极组织当地群众观看网球比赛。

## 3. 加强欠发达地区学校网球教练员、网球教师的培养工作,完善校内外培训机制

目前,由于我国网球市场大部分都在发达地区,大部分网球人才也集中在发达地区,但近几年却出现了网球人才向中西部地区转流现象,如我国著名网球运动员夏嘉平不惜卖掉自己在上海的房子,与原国青队教练唐光华一同在江西九江武宁县筹建拓普嘉华国际网球学院,他们看中的是这一地区的土地优势以及当地政府对网球项目的支持。我国已全面建成小康社会,即使相对落后地区,生活水平也发生了翻天覆地的变化,通信网络等已全面覆盖,生活在相对落后地区的人们也能分享到社会发展的成果,人们对美好生活的需要、对健康的追求前所未有,在相对落后地区发展网球正是时代所需。从农村学校入手开展网球教育活动是行之有效的发展策略,而目前我国农村地区网球师资严重不足,加强农村地区与学校的网球教练员与教师的培养工作,完善农村学校网球培训,有利于挖掘农村网球人才,大幅提高网球人口。

**4. 加强落后地区网球文化建设，以中国式现代化全面推进我国网球高水平发展。**

网球文化对网球运动的发展具有重要的作用。必须加大对相对落后地区的网球发展支持力度，大力扶持相对落后地区的网球文化建设，不断满足人们对物质文化、精神文化的需要。

加强网球物质文化建设主要包括：网球场馆、网球师资、网球学习网络平台、网球宣传平台、网球交流比赛机制、网球技战术培训基地、网球运动员培养机制、网球相关器材生产建设、网球相关旅游等。

网球精神文化是人们在网球活动过程中所形成的网球基本技战术理论、网球礼仪、网球艺术、网球拼搏精神、网球发展成就、网球的意义等。网球精神文化是推动网球发展的精神动力，是网球不断发展的源泉。中国前女子网球明星李娜、李婷、郑洁、孙甜甜等十几位中国网球金花取得举世瞩目的成就是激励中国女子网球不断发展的精神食粮；吴易昺不断创造中国男子网球历史，也必将激励中国网球不断向前发展。

网球文化建设重点是中小学校园网球文化建设。在农村地区学校发展网球文化，关键是开展网球教学与训练和竞赛机制，加强网球礼仪、网球团结拼搏的精神、网球的健身及交际功能等的教育与宣传，让孩子们享受网球的快乐，欣赏优美的网球技术动作，引导少年儿童积极参加网球活动。

校园网球文化对学生具有良好的教育功能，繁荣校园网球文化，培养学生团结拼搏、公平公正、诚实守信的思想品德，对培养学生绅士风度、提高审美能力、增强体质、丰富校园生活都有较好的作用。

## 第三节 加强对外合作，积极申办高水平网球赛事

近年来，我国网球比赛发展迅速，ATP、WTA等积分赛纷纷落户我国，使我国众多网球运动员能享受到在国内观看并参与世界比赛的机会，我国网球水平也取得明显提高。如2022年美国网球公开赛，我国有7位网球选手获得了比赛资格，其中有5人闯入32强。值得一提的是我国男子选手吴易昺取得了历史性突破，2023年2月，吴易昺在达拉斯公开赛夺得巡回赛冠军，成为中国首位ATP巡回赛男单冠军。

中国网球必须走与世界网球合作之路，才能更好地发展。ITF全球网球报告中提出，发展网球的对策一是增加网球人口，二是发掘天才球员，特别要注重发掘网球资源不足、网球水平不高的国家的网球人才，ITF与其成员国家协会合作，以支持各国网球发展。ITF主要从以下六个方面的发展情况而给予支持：运动成绩表现、网球参与人数、网球活动开展情况、网球设施、网球教育、网球管理和资源，其中最重要的是网球资源和运动成绩表现，即网球人才情况是世界网球协会是否支持的重要因素。

中国网球要想获得发展，就必须获得国际网球联合会的认可与支持，良好的运动成绩和充足的网球资源是获得支持的关键。因此，要大力改善网球设施，积极开展网球活动，大幅增加网球人口比例。

要加强与世界网球强国的联系，吸引外资和世界知名教练来中国发展。开放是推动中国网球发展的动力，中国网球运动员需要在高强度、高水平的训练中发展，尤其是男子运动员非常需要参加高级别的赛事提高对抗能力。然而，我国能参加高级别网球

比赛的男子运动员并不多见，在这种情况下就需要参加高水平的网球训练，一方面运动员需要走出去与世界高水平运动员一起训练，另一方面可以引进世界高水平的教练员来华指导训练。中国有着巨大的网球市场，对外开放网球市场必将吸引世界优秀运动员、教练员、企业家来中国发展网球事业。

要积极申办引进高水平网球赛事，加强国际网球交流合作。近年来，中国举办国际网球赛事获得了快速发展，但高级别、高水平的赛事仍不足，能够吸引顶级网球运动员来中国的比赛主要是中国网球公开赛与上海网球大师赛，另外我国可申办的国际网球赛有ATP挑战赛、ITF男子巡回赛、WTA女子巡回赛、ITF国际青少年赛事等。举办高水平网球赛事，可以提高举办城市的国际影响力，同时提高我国网球的国际影响力，有利于推动我国网球事业的发展。

申办高水平网球赛事，首先要有高质量的网球场馆及配套设施。我国现在进入高质量发展阶段，举办高水平、高质量的网球比赛对推动我国网球高质量发展有重要意义。其次，要有充足的奖金支持。网球是一项职业化非常强的项目，职业运动员需要高额奖金来维持其网球团队的运营，奖金不高很难吸引高水平的运动员来参加比赛。政府加大投入，引导商家支持甚至举办网球赛事，是奖金的主要来源。当年雪佛兰、水井坊业余网球大奖赛以及各地中国移动、电信、联通、可口可乐等企业都积极举办网球比赛，但由于当年我国网球人口少而没能形成长期的比赛机制。随着我国生活水平的提高，人们对网球的需要越来越大，企业赞助网球事业不仅可以推动我国网球的发展，对企业自身长期的发展也有重要意义。最后，我国要有高水平的网球运动员。当前我国女子网球运动员水平整体较高，低级别的WTA比赛纷纷落户中国，但缺少像李娜这样的世界顶级网球运动员，要想申办更高级别的国际女子网球赛事，需要涌现出像李娜这样级别的运动员。

我国男子网球水平较差，不仅没有世界级的男子网球运动员，而且进入世界前二百的男子网球运动员也并不多。因此，中国男子参加高水平的网球比赛的机会较少，这也阻碍了中国申办男子高水平网球比赛。国家应加大力量培养一批高水平男子网球运动员。

积极举办高水平的国际青少年网球比赛。申办国际青少年网球比赛比ATP赛事相对容易，也无需大量的资金投入，却能给中国青少年更多锻炼机会。我国网球起步较晚，但整体发展迅速，青少年网球人口迅速增加，许多青少年网球选手都喜欢参与比赛检验自己，一些较高水平的青少年需要经过更多更高级别的网球比赛磨炼才能更快更好地成长，举办国际青少年网球比赛能够满足广大青少年、家长和网球爱好者的需求。

## 第四节　完善网球人才培养路径，加速推进网球体制改革

### 一、我国网球人才培养模式的现状

近年来，我国网球人才培养模式由政府体育部门为主转变为体育部门、教育部门、网球俱乐部、网球培训机构及个体、个人单飞等多种培养模式并行发展，其中各省市体育系统仍有着明显的优势，如李娜、郑洁等大多数运动员成名前都在体校、省队等地方培养，但后来一些运动员选择了单飞，他们有了自己的教练团队才取得了更好的成绩。

由于我国网球人口迅速增长，原来以体校、网球中心、体工队为主的运动员培养模式已经远远不能满足网球发展的需要，因

此，教育部推出网球特色学校试点，旨在大力发展校园网球。但网球特色学校数量有限、网球教学训练质量参差不齐，真正具有培养高水平运动员的学校并不多见。我国体育院校、网球学院、高校等也是培养网球运动员的重要场所，如南京体育学院中国网球学院培养了张择、唐盛、李翰文、孙浅等多名优秀运动员、浙江大学网球队队员吴易昺偶尔也会在浙江大学训练。

我国网球俱乐部、网球培训机构发展较快，但主要集中在大城市，大部分都是从事业余网球活动，当然也有少数网球俱乐部取得较好的网球成绩，如超达网球俱乐部、北京匠心之轮国际网球中心现已成为我国培养网球运动员的重要基地。

私人网球培训也是我国网球人才培养的模式之一。我国有大量的网球教练从事私人网球教学与培训工作，如一些专业运动员、高校网球专业毕业生等，这些人有相当一部分有较高的教学与训练水平，但他们水平差异明显，其收费也千差万别，一般运动水平较好、学历较高、教练员等级越高的教练收费就越高。

单飞模式是指运动员从体制内训练转变成自己单独训练。有的是运动员成绩不好被迫离开专业队；也有一部分认为体制内训练不能满足其职业比赛需要，这部分运动员是想创造更好的运动成绩，这种模式与国际上高水平运动员训练模式是一致的。这种模式需要高额的团队费用，只适合少数有条件的运动员。

## 二、完善我国网球人才培养模式的路径

### 1. 进一步发挥举国体制优势，完善各级队伍的培养模式

举国体制是我们国家的一大优势，国家和各地政府投入大量资源，为运动员创造优越的训练和比赛条件，其优点就是运

动员投入资金较少，能满足普通家庭条件的运动员参加训练的需要；同时，由于是国家培养，运动员有更多的比赛与出国学习的机会。

我们在采用举国体制的同时，也要注意完善其中的一些问题。首先是训练的速成现象突出。每一层级的教练员都想运动员能快速获得好的比赛成绩，因此出现了很多青少年优秀运动员成年后成绩却难以提高，其主要原因是过早地进行了不适合青少年年龄特点的训练负荷，导致运动员训练不系统、不科学。因此，规范各阶段的运动员训练大纲，并从多方面去评价教练员的成绩，如运动员体能与体质健康、为上级输送网球人才的成果等。其次，运动员文化课学习不足，大多数青少年专业网球队运动员大部分时间都在运动队度过，其生活圈范围较小，对其退役后的发展可能会有影响。要加强运动员的文化知识学习，提高文化素养，包括英语、语文、数学、物理、生理等学科知识的学习；同时加强运动员综合能力的培养，尤其提高运动员网球技战术、体能训练分析与解决问题的能力。再次，完善专业网球队、少体校等网球人才选拔机制，支撑有天赋人才进入专业队。要合理使用专业队的资源，理顺网球人才选拔通道，公开选拔人才方案，尽可能做到公平、公正，调动人民群众学习网球的积极性。最后，创新网球与教育相结合模式。有条件的网球专业队、网球中心、少体校等可以在各地学校设置训练点，为储备网球后备人才及增加网球人口、解决退役运动员就业等作出贡献。

**2. 大力发展学校网球，在各小学幼儿园全面开展网球兴趣活动或开设课程**

中国经常打网球的人口主要集中在大城市，他们大部分来自中产阶级及富裕家庭。近年来，我国大力发展体育运动，网球场馆也明显增加，但网球场馆收费越来越高，同水平的教练员费用更是超过英美等发达国家，这严重阻碍了我国网球人口的增长，网球作为最健康快乐的终生体育项目之一，应该让全体中国人民共享。

我国青少年几乎全部集中在中小学校，教育部门应该要求学校开设网球课程或者网球游戏，为所有想学习网球的学生创造良好的网球学习环境，不放过任何一个有网球发展潜力的青少年，充分挖掘网球人才，培养学生网球兴趣，不断满足人民美好生活的需要。

**3. 积极引进国际网球俱乐部、国外优秀教练员来华发展网球事业，支持国内企业家、教练员等投资网球产业**

我国目前没有一所世界一流的网球学校，许多网球学校、网球俱乐部生存困难。我国有世界第二的人口，又是发展最快的社会主义国家，是最有潜力发展成为世界第一网球人口的国家，网球市场前景非常广阔。应该加强与世界一流网球学校、教练员联系，吸引他们来华办网球学校。目前我国很多运动员采用走出去训练的策略，如国家选拔运动员去美国尼克网球学校进行网球训练，这种走出去训练一是出国训练的人数少，二是有来自多个国家的网球运动员，中国球员难以从中脱颖而出，因此，很多出国训练的运动员训练效果并不理想。另外，我国很多专业队也聘请了一些外国网球教练员来华任教，但并没有取得理想的效果，同时请高级别的教练员所需要的经费也非常高。开放中国市场，在中国办一所世界一流的网球培训学校不仅能减少运动员学习费用，而且能给运动员学习带来方便，是非常有意义的。

各地应该积极规划网球发展，吸引企业家、教练员等从事网球事业。如浙江省湖州市早在2003年投资2000万元建设的湖州网球中心产生了良好的效果，引进了辽宁省教练骆勇来湖州网球中心工作，为浙江省输送了大量的网球人才，同时还解决了很多欠发达地区孩子发展的问题。湖州网球中心经常去欠发达地区和孤儿院等地寻找有发展潜力的儿童，这样不仅解决了他们生活困难的问题，而且拓宽了人才招生渠道。

### 4. 积极支持家庭式网球培养模式

随着社会的发展，免费或者性价比高的场馆越来越多，越来越多的家庭能够培养自家的孩子从事网球训练。我们应该提供比英、美、澳等国家更好更多的网球场馆给国人享用，让人民共享中国发展的成果，彰显中国制度的优势。我国家庭式培养主要是以业余网球为主，当运动员达到一定水平后，一般会选择去网球学校、专业队等，也有直接以网球特长生身份参加中考、高考而进行的家庭式训练，通过网球特长有机会考入重点大学、体育学院或者大学体育专业等，另外，一些地区的学生获得国家二级运动员证书后，参加高考时还可以获得额外加分也能吸引一些家庭，但大多数家庭式主要还是让孩子健身娱乐为主。

### 5. 正确利用"单飞"模式，加大"单飞"支持力度

"单飞"是我国特色的网球模式，是举国体制的产物。我国网球专业队培养的网球运动员达到一定水平后，继续在专业队集体训练已经很难满足运动员发展的需要了，一个教练同时训练多个高水平运动员很难达到世界高水平，世界排名靠前的运动员基本上都有自己的训练团队，一个优秀运动员常常需要网球教练员、体能训练师、康复师、营养师等组成的团队为其服务。我国一些优秀女子运动员"单飞"后取得优异的成绩充分表明，"单

飞"是适合我国优秀运动的发展模式,应该获得支持。

  我国"单飞"运动员从小由体制内较好的专业队培养,大大降低了运动员学习网球的费用,同时也为运动员打下了坚实的基础。我国各省市体校、网球中心、省网球队等培养的运动员较多,但真正能实现"单飞"并取得较好成绩的运动员毕竟是少数,各队要正确处理好"单飞"运动员与队里面的关系,必要时可以代表自己原来所在的网球队参加比赛。

# 参考文献

[1] Corbin CB, Pangrazi RP. Physical Activity for Children: A Statement of Guidelines for Children Ages 5-12 [J]. Reston VA: National Association for Sport and Physical Education, 2004.

[2] Carson V, Lee EY, Hewitt L, et al. Systematic review of the relationships between physical activity and health indicators in the early years (0-4 years) [J]. BMC Public Health, 2017, 17 (S5): 854.

[3] Šlosar L, de Bruin ED, Fontes EB, et al. Additional Exergames to Regular Tennis Training Improves Cognitive-Motor Functions of Children but May Temporarily Affect Tennis Technique: A Single-Blind Randomized Controlled Trial [J]. Front Psychol, 2021, 12: 611382.

[4] Tijana T. Ivancevic, Bojan Jovanovic, Sasa Jovanovic, et al. Paradigm Shift for Future Tennis [M]. Heidelberg: Springer Berlin, 2011.

[5] Alexis C. Colvin, James N. Gladstone. The young tennis player: injury prevention and treatment [M]. Cham: Springer International Publishing Switzerland, 2016.

[6] Timmons BW, LeBlanc AG, Carson V, et al. Systematic review of physical activity and health in the early years (aged 0–4 years) [J]. Appl Physiol Nutr Metab, 2012, 37 (4): 773–92.

［7］World Health Organization. Global recommendations on physical activity for health［EB/OL］.［2021-06-15］. http：//www.who.int/publications/i/item/9789241599979.

［8］International Tennis Federation. ITF GLOBAL TENNIS REPORT 2019［R］. London：International Tennis Federation, 2019.

［9］International Tennis Federation. ITF GLOBAL TENNIS REPORT 2021［R］. London：International Tennis Federation, 2021.

［10］余永德. 中国教育研究文集［M］.芜湖：安徽师范大学出版社, 2018.

［11］美国网球协会.网球成功教学［M］.计伟忠, 等译.北京：北京体育大学出版社, 2007.

［12］斯蒂芬·J.维尔吉利奥.儿童身体素质提升指导与实践［M］.第2版.王雄, 译.北京：人民邮电出版社, 2018.

［13］李季湄, 冯晓霞.《3—6岁儿童学习与发展指南》解读［M］.北京：人民教育出版社, 2013.

［14］王建国.青少年课外体育竞技指南：网球指南［M］.芜湖：安徽师范大学出版社, 2012.

［15］伦斯特伦.运动医学与科学手册：网球［M］.徐国栋, 审译.北京：人民体育出版社, 2006.

［16］国家体育总局青少年体育司, 国家体育总局网球运动管理中心. 中国青少年网球教学训练大纲［M］.北京：北京体育大学出版社, 2012.

［17］诺瓦克·德约科维奇.德约科维奇：一发制胜.［M］.郭政皓, 刘怡伶, 译.北京：北京联合出版公司, 2014.

［18］李秋沅.钟南山：生命的卫士［M］.北京：党建读物出版社, 南宁：接力出版社, 2020.

［19］郑渊洁. 郑渊洁家庭教育课［M］. 天津：天津人民出版社，2018.

［20］雷鸣，马有保. 网球运动教学与人才培养研究［M］. 长春：吉林人民出版社，2022.